El secreto de Selena

El secreto de Selena

LA REVELADORA HISTORIA DETRÁS DE SU TRÁGICA MUERTE

María Celeste Arrarás

ATRIA ESPAÑOL
NUEVA YORK • LONDRES • TORONTO • SÍDNEY • NUEVA DELHI

ATRIA
ESPAÑOL

Un sello de Simon & Schuster, Inc.
1230 Avenida de las Américas
Nueva York, NY 10020

Esta edición en rústica de Atria Español, diciembre 2018

ATRIA ESPAÑOL y su colofón son sellos editoriales de
Simon & Schuster, Inc.

Para obtener información respecto a descuentos especiales en ventas al por
mayor, diríjase a Simon & Schuster Special Sales al 1-866-506-1949 o a la
siguiente dirección electrónica: business@simonandschuster.com.

La Oficina de Oradores (Speakers Bureau) de Simon & Schuster puede
presentar autores en cualquiera de sus eventos en vivo. Para más información
o para hacer una reservación para un evento, llame al Speakers Bureau de
Simon & Schuster al 1-866-248-3049 o visite nuestra página web en
www.simonspeakers.com.

Impreso en los Estados Unidos de América

10 9 8 7 6

Datos de catologación de la Biblioteca del Congreso

Arrarás, María Celeste, author.
  [Selena's secret. Spanish]
  El secreto de Selena : la reveladora historia detrás de su trágica muerte /
María Celeste Arrarás.
    pages cm
  1. Selena, 1971–1995. 2. Mexican American women singers—Biography.
3. Tejano musicians—Biography. I. Title.
  ML420.S458A8718 2015
  782.42164092—dc23
  [B]
                                              2014049033

ISBN 978-1-9821-1752-8
ISBN 978-1-4767-6606-5 (ebook)

Para ustedes, mis lectores

CONTENIDO

INTRODUCCIÓN POR EL ANIVERSARIO N° 20

Hace casi veinte años que un disparo segó la vida de Selena Quintanilla y dio pie a una leyenda. La suya es una historia que parece salida de una novela y que ha provocado tristeza y fascinación a través de todo este tiempo. Por eso después de su muerte, todo lo que se hizo sobre la cantante Selena alcanzó el éxito: los programas de televisión dedicados a ella rompieron records de audiencia, las revistas con su foto en la portada se agotaron, sus discos se vendieron más que nunca y hasta la película que su padre, Abraham Quintanilla, produjo y que tituló *Selena*, agotó las taquillas. Esa película repasa la vida de la querida cantante desde que empieza en el mundo de la música siendo muy pequeñita hasta que se consagra como artista y concluye con la noticia de su asesinato.

Confieso que cuando escribí muchas de estas páginas hace veinte años lo hice con la música de Selena de fondo. Fue mi recurso para no perder la perspectiva, para no olvidarme de ella, pues no puede defenderse. Sus canciones me recordaban permanentemente el lado humano de esta tragedia y me quitaron la extrema frialdad del periodista, que siempre debe ser objetivo. A veces, luego de trabajar tanto tiempo en un tema como éste, se pierden fácilmente los puntos de referencia y nos desviamos hacia esa aparente falta de alma.

La música fue, también, el mejor escudo para protegerme de Yolanda, la convicta asesina, que durante nuestras conversaciones siempre fue encantadora y abierta conmigo. Las canciones me ayudaron a no olvidar que ella fue quien apagó esa voz.

Este libro retoma la historia de Selena justo donde termina la película de Hollywood y cuenta una realidad mucho más compleja, profunda y polémica de lo que pasó en la última etapa de su vida.

Yo sé cuál es el secreto de Selena. Yolanda me lo confesó.

—*María Celeste Arrarás*

7

El 31 de marzo de 1995: Se apagó una estrella

—¡Le han disparado a Selena! —gritó alguien. Yo lo escuché cuando venía por un pasillo de Univision, poco después de las dos de la tarde. Iba camino a la sala de redacción del Departamento de Noticias de la cadena, donde están las oficinas de mi programa *Primer Impacto*. En un principio, entendí equivocadamente que la víctima del balazo había sido Selegna, una psíquica bastante conocida en Miami, que a menudo sale por televisión. De inmediato pensé que se trataba de una conspiración, de un plan organizado para acabar con psíquicos y astrólogos, pues hacía una o dos semanas, en esta misma ciudad, habían asesinado a tiros a una astróloga que tenía un programa de radio. A lo mejor se trataba de un asesino en serie molesto con su horóscopo. Ya la ciudad de Nueva York contaba con el llamado asesino del zodíaco, a quien bautizaron así después que amenazó con matar a una persona al comienzo de cada signo zodiacal. En fin, ésa es la manera lógica de llegar a conclusiones después de trabajar tantos años en un programa como el mío, en el que presentamos las noticias más insólitas del mundo.

Entré en la sala de noticias con la adrenalina a millón y les pedí a las productoras que contactaran de inmediato a Walter Mercado, el internacionalmente famoso astrólogo que está a cargo del segmento del horóscopo de nuestro show, para que nos diera su reacción ante lo que estaba pasando. Todas me miraron extrañadas, no sabían a qué yo me estaba refiriendo. María López, la productora ejecutiva de *Primer Impacto,* me había estado observando de lejos y sin yo tener que explicarme, supo lo que estaba pasando por mi mente. Parece que el cerebro de ella funciona de una manera parecida. Se me acercó para dejarme saber que yo había escuchado mal y poner en claro la verdadera identidad de la victima. "No es Selegna. Es *Selena,* la reina del Tex-Mex... y parece que la cosa es seria".

Tan pronto como María terminó de pronunciar esas palabras, todos nos quedamos en silencio. Mis compañeros se habían enterado de la noticia apenas unos segundos antes que yo y todavía no se recuperaban. Selena había estado en nuestro programa varias veces como artista invitada, la última vez, hacía apenas tres semanas. Esta vez la víctima no era un nombre sin rostro, sino alguien que conocíamos. A todos nos caía bien porque a pesar de su fama nunca tenía actitudes de superestrella. Al contrario, era muy sencilla.

No había pasado un instante, cuando reaccionamos. ¡Había que interrumpir la programación de inmediato para dar a conocer el suceso! Nuestro compromiso profesional tenía prioridad, en ese momento, sobre cualquier sentir a nivel personal.

Una extraña electricidad se apoderó del grupo. Es esa corriente especial que azota a todo periodista cuando está frente a una noticia impactante. Un voltaje instantáneo que nos sirve de gasolina para trabajar largas horas con entusiasmo, sin importar el cansancio, ni el hambre. Ese día lo íbamos a necesitar.

Empujados por esa energía indescriptible, todos entramos en acción. En quince segundos yo estaba sentada en el escritorio del noticiero Univision, frente a las cámaras ubicadas en la misma sala de noticias. No me hubiese dado tiempo de correr al estudio donde se realiza *Primer Impacto,* al otro lado del edificio. Ante una noticia así no se puede desperdiciar ni un segundo más de lo estrictamente necesario. Mientras me ponía el micrófono a toda velocidad y me colocaba el IFB en la oreja, se hacían las gestiones para romper la programación. El IFB es un cable que nos permite escuchar instrucciones de la productora y del director, que se encuentran en la sala de control. Ese mágico aparato nos ha salvado la vida infinidad de veces cuando, como en este caso, entra una noticia de último momento y es necesario improvisar.

Recuerdo haber dado vuelta y ver a un ejército de personas pegadas al teléfono, buscando frenéticamente todos los detalles sobre lo que estaba pasando con Selena. Había una gran tensión. Estábamos corriendo contra el reloj, tratando de salir con la noticia antes que nadie. La meta era incluir la mayor cantidad de información posible en ese primer boletín. Sabíamos que Selena había sido baleada en un motel de Texas y que luego la habían llevado al hospital, donde estaba siendo operada de emergencia. Aparte de eso, todo era un misterio. No habían pasado ni diez minutos desde que primero escuché la noticia, hasta que salí al aire en vivo, para anunciar lo que habíamos confirmado hasta el momento: "Buenas tardes, les habla María Celeste Arrarás. Interrumpimos el programa que están viendo para informarles que Selena Quintanilla Pérez, la cantante del grupo Los Dinos, ha recibido un balazo y se encuentra en condición crítica en el Memorial Medical Center de Corpus Christi. En este preciso momento está siendo intervenida quirúrgicamente. Selena fue víctima del disparo en el motel Days Inn de esa ciudad, aún se desconocen los detalles del incidente. La información está entrando por cuentagotas. Tan pronto sepamos más sobre lo que pasó en el hospedaje y sobre el estado de salud de la cantante, regresamos con ustedes". Lo logramos; fuimos los primeros. Normalmente, éso es motivo de celebración y orgullo, pues en el mundo de las noticias, tener credibilidad es lo más importante y eso sólo se consigue estando a la vanguardia, con la información más precisa. Pero en esta ocasión la victoria era agridulce porque la noticia no podía ser más triste, ni tocarnos más de cerca.

Terminado el boletín informativo, fui a mi computadora. Ni siquiera las agencias noticiosas, que le dan servicio a todos los medios, se habían enterado, pues todavía no había nada en los cables de prensa sobre lo que estaba pasando en Texas. Eso quería decir que le llevábamos una gran delantera a todo el mundo.

Los teléfonos de Univision no dejaban de sonar. La gente llamaba incrédula, con la esperanza de que le dijéramos que habíamos cometido un error. A estas alturas, ni siquiera nosotros imaginábamos que estábamos ante la noticia más importante del año para los hispanos.

Los miembros de nuestro equipo no daban abasto buscando videos de Selena, llamando al motel Days Inn, al hospital, a la casa de la cantante, a su boutique, a sus amigos, a sus parientes. Las informaciones eran contradictorias.

Volví a sentarme en el escritorio del Noticiero Univision. Otra vez me conecté a todos los aparatos de comunicación. Me puse a hacer apuntes sobre lo que sabía de la carrera musical de Selena. Quería estar preparada en caso de que hubiese algún desarrollo importante, y gracias a esa iniciativa, lo que vino a continuación no me tomó desprevenida. Pasaron un par de minutos, cuando la productora a cargo del programa ese día me informó: "Hay malas noticias, del hospital nos dicen que Selena está peor". La vicepresidenta de noticias, Alina Falcón, dio órdenes para que interrumpiéramos nuevamente la programación regular. Fue una decisión trágicamente acertada. En el momento preciso en que abrí la boca para hablar sobre esta "noticia de último momento", y cuando estaba a punto de decir que Selena estaba herida, la productora me confirmó al oído, justo a tiempo, lo que todos temíamos: "Está muerta".

Esas dos palabras me dejaron fría por dentro, como si me hubiesen tirado encima un cubo de agua helada. Muchos sentimientos y pensamientos pasaron por mi mente en un milésimo de segundo. Aún así, reaccioné rápidamente. Ni mi cara, ni mis palabras me traicionaron. Me escuché a mi misma anunciar que Selena había fallecido.

Cuando terminó el boletín especial, lo primero que pensé fue en lo joven que era Selena. ¡Tenía sólo veintitrés años! ¿Qué pudo haber sucedido? Una ola de rumores entró de golpe en los próximos minutos. Escuchamos cosas terribles. Alguien oyó una conversación en la frecuencia de radio interna de la policía de Corpus Christi durante la cual unos oficiales decían que todo se debió a un triángulo amoroso entre Selena y el también casado cantante de música Tex-Mex Emilio Navaira. Supuestamente, la esposa de éste le había disparado a Selena tras sorprenderlos abrazados en el motel. El rumor se comentó en unas estaciones de radio, pero pronto se descartó como incierto. Luego, se rumoreó que la había matado su ayudante en un episodio con ciertos visos de lesbianismo. Nada dijimos de estas barbaridades hasta tener claro qué había sucedido. Nunca sucumbimos ante la tentación de repetir cosas a la ligera, sólo para agrandar la noticia. Por eso me siento orgullosa de que en nuestro programa nunca se dijo nada que no fuese estrictamente cierto. Mi equipo comparte esos valores periodísticos, y aunque hay quien dice que nuestro programa es sensacionalista, ese día probamos —una vez más— que, ante todo, *Primer Impacto* es responsable.

A media tarde, sí que extrañé a mi querida compañera de programa Myrka Dellanos-Loynaz. ¡Dio la casualidad que ese día estaba libre! Cuando hay dos presentadores, en una situación como ésta, la carga es mucho más llevadera. No sólo se divide el trabajo, sino que al momento de ir al aire con el programa en vivo, es mucho más fácil salir de un aprieto. Cuando ella y yo dialogamos, mientras una habla la otra piensa lo que va a decir, o escucha instrucciones por el IFB. Cuando es una persona sola, y es necesario improvisar porque hay un cambio de última hora o una nueva información, uno tiene que simultáneamente concentrarse en lo que está diciendo y escuchar las órdenes que le imparten al oído desde la sala de control. Créanme, es un arte escuchar y hablar al mismo tiempo, y que lo que uno está diciendo suene lógico y coherente. Es luego de años de entrenamiento, que se logra obtener esa habilidad.

En un momento dado recibimos la llamada de la reportera que habíamos enviado al motel Days Inn. Acababa de confirmar que a Selena le disparó la mujer que administraba su negocio de ropa. Su nombre era Yolanda Saldívar. Había más: en ese preciso momento, la sospechosa estaba parapetada dentro de una camioneta, en el estacionamiento del hospedaje. Tenía una pistola apuntando a su cabeza y amenazaba con matarse.

Las productoras se movilizaron. Buscaban conseguir a toda prisa un satélite desde Corpus Christi para sacar imágenes en vivo desde el Days Inn. Esta vez, para ahorrar tiempo, transportamos una cámara de televisión hasta mi escritorio, localizado en la misma sala de redacción, y desde allí transmitimos en vivo un boletín especial para dar a conocer la nueva información. Se vio tan dinámico, que hicimos los demás boletines desde el mismo sitio. Lo bueno de hacerlos desde allí era que tenía la computadora al alcance de la mano y podía seguir trabajando en el libreto para el programa de esa tarde. No tenía ni que moverme y si durante un boletín salía algún dato nuevo, podía leerlo directamente de la pantalla de mi computadora e incluirlo en esa transmisión.

Cuando faltaban unos pocos minutos para el comienzo de *Primer Impacto,* pasé por la sala de control, camino al estudio. Todo era una locura. Entraban tantos cables de prensa al mismo tiempo que la máquina que los imprime parecía una cascada de papel. Los teléfonos sonaban sin parar. El director impartía instrucciones. En las diferentes pantallas de televisión podía ver a una decena de nuestros reporteros preparándose para salir en vivo durante el programa. Esperaban su turno frente a la boutique de Selena en Corpus, frente a su tienda de San Antonio, en el hospital, frente a la casa de la cantante. Nuestro corresponsal en Los Ángeles ya tenía a varias personas en fila, esperando para dar su reaccción ante lo acontecido. María López atendía dos teléfonos a la vez, dando órdenes a cada uno de los bureaus de *Primer Impacto* en Texas que tenía en línea. Ella colgó abruptamente uno de los auriculares, dio un golpe sobre la mesa con su puño y le dijo a la persona que atendía en la otra llamada: "¡Quiero imágenes en vivo del parapetamiento, ahora mismo; tenemos que empezar con eso!". Para hacer su trabajo, una productora ejecutiva debe tener un carácter fuerte y para nuestra suerte, a ella le sobra.

Caminé hasta el estudio, sabiendo que el libreto que tenía en la mano, y en el que había trabajado toda la tarde, tal vez no me serviría de nada. Programas así, no se pueden planificar, pues la noticia continúa desarrollándose. Una vez en el escritorio de *Primer Impacto*, respiré profundamente. Estaba lista para lo que me esperaba. Estos momentos de tensión e incertidumbre son los más emocionantes de nuestra profesión, y para mí, un reto fascinante. Es una pena que todo fuera a raíz de una pérdida tan grande, pero por desgracia casi siempre es así. Las noticias de envergadura son usualmente trágicas.

Al tope de la hora, abrimos la edición. Durante los titulares del programa, María me advirtió que teníamos un problema de sonido con la señal del satélite de Corpus. Si no lográbamos resolverlo a tiempo, empezaríamos con nuestro corresponsal en San Antonio. No era lo ideal, pero parecía no quedar otro remedio. Cuando comencé a hablar sobre los eventos de la tarde, me dijeron por el IFB que "alargara" porque estaban a punto de corregir el problema con la señal. "Alargar" es jerga televisiva para "improvisar", para matar el tiempo hablando en lo que se resuelve un problema técnico. Ese es otro "arte" que hay que dominar frente a las cámaras. Por suerte, fue sólo cuestión de segundos. Tan pronto la productora me dijo las palabras mágicas: "Estamos listos, vamos con el motel" presenté a nuestra reportera apostada allí. Fue impresionante ver la escena en el Days Inn. Decenas de policías, armados hasta los dientes, rodeaban un vehículo. De lejos, apenas se podía distinguir a la pequeña mujer que estaba adentro.

En el área del parapetamiento la policía tenía a la prensa al márgen de lo que estaba pasando. Ahora entiendo por qué. Las negociaciones para que Yolanda Saldívar se entregara no avanzaban. Ella se mantenía en comunicación con los agentes a través de un teléfono celular que estaba instalado en la camioneta, pero en la otra mano seguía apretando el revólver contra la sien. En más de una ocasión pidió que sacaran de allí las cámaras de televisión. Meses más tarde, durante el juicio en su contra, se supo verdaderamente cuán tensas y dramáticas fueron las conversaciones entre la sospechosa y los oficiales. Esa tarde, nadie imaginaba que Yolanda estaba haciendo declaraciones impactantes dentro de la camioneta y, menos aún, que todo estaba siendo grabado.

En el mismo Corpus Christi nos fuimos en vivo a otro local, con la conferencia de prensa de un personaje hasta ese momento poco conocido: Abraham Quintanilla, el padre de Selena. Quebrado por el dolor, manteniendo apenas la compostura, confirmó lo que ya sabíamos y respondió a las preguntas de algunos reporteros. Afirmó que la principal sospechosa era empleada de su hija y declaró que desde hacía un tiempo tenían problemas con ella porque les estaba robando. A simple vista todo parecía muy sencillo. La verdad, como verán, era mucho más complicada.

De ahí fuimos en vivo a otras partes de Texas y a California, donde la gente también lloraba por Selena. En la sala de control estaban maniobrando con todos los satélites, para sacarlos todos a tiempo sin que se acabara la "ventana" de tiempo que permite su transmisión. En otro segmento del programa hablamos en vivo con un afligido miembro de los Barrio Boyzz, el grupo musical hispano con el que Selena había grabado un video hacía poco. Lo localizamos en Puerto Rico. Su voz entrecortada hizo evidente que se acababa de enterar de la noticia.

En medio del corre y corre, un productor entró a la sala de control con un video exclusivo, nunca antes visto, para que lo pasáramos en el programa. Alguien había desenterrado la cinta de la videoteca de nuestra emisora afiliada en Corpus Christi, Texas, y acababan de enviárnosla vía satélite. En el video, que había sido filmado hacía unos meses, aparecen Selena y Yolanda durante la inauguración de una de las boutiques de ropa de la cantante, Selena Etc. Las imágenes apenas duran unos doce segundos, pero durante ese tiempo las protagonistas parecen experimentar una amplia gama de emociones. Se les ve solas, en un rincón, hablándose al oído. Selena parece estar compartiendo una confidencia con Yolanda. Se ve como Yolanda primero reacciona con seriedad, sorpresa, y finalmente con diversión. Viéndolas así, cuchicheando y riendo, era fácil determinar que entre ellas exisitía una gran compenetración. Pero, ¿Cuál era el secreto? ¿De qué hablaban tan misteriosamente? Pasamos el video en cámara lenta y su efecto fue escalofriante. Se veían tan unidas, tan amigas... y pensar que hacía sólo unas horas, una de ellas había acabado con la vida de la otra! ¿Quién lo diría? Aún hoy, después de tanto tiempo, cuando veo esa cinta se me pone la piel de gallina. Sin duda, demuestra que una imagen vale más que mil palabras.

Al ver la interacción de ambas en el video, los rumores de lesbianismo entre las dos aumentaron. Aquéllos que no conocían a los protagonistas de este drama y no tenían idea de lo que había sucedido, llegaban a sucias conclusiones, sólo porque el disparo ubicó a dos mujeres en el cuarto de un motel. "A mí me parece que ahí hubo algo raro...". escuché decir a un amigo técnico que operaba una de las cámaras del estudio, durante una pausa comercial. Me molestó, no sólo el comentario en sí, sino también porque detecté en su tono cierto goce morboso ante la suposición. Sentí que otro camarógrafo vecino me leyó el pensamiento porque lo cortó de mala manera: "Ay, chico, déjate de cosas... ¡qué mente tan podrida!".

En resumen, le dedicamos el programa en su totalidad al tema de la muerte de Selena. Hasta nuestro meteorólogo, John Morales, que estaba como siempre enfrascado en sus satélites y pronósticos y no se había enterado de lo que había pasado, tuvo que hacer a última hora un análisis del tiempo en Corpus Christi. Esa noche iba a llover...

Para cerrar, repetimos una porción de esa entrevista que le habíamos hecho a Selena unas semanas antes. Irónicamente, se había convertido en el último reportaje que ella concedió en vida. Verla en esas imágenes hablar de sus planes futuros, le daba una dimensión inesperada, le helaba la sangre a cualquiera. Recuerdo que habló de la casa de sus sueños. Había comprado diez acres de terreno en Corpus, cerca de unos jardines botánicos y describió como en los atardeceres, cientos de pájaros pasaban volando. Quería construirla mirando a un lago localizado dentro de la propiedad porque "era la vista más romántica". Ya nunca podría ser.

Gracias a Dios, el programa salió, como decimos en nuestro negocio, "limpio", que quiere decir sin errores técnicos. El público jamás supo que estuvimos caminando sobre el filo de una navaja de principio a fin.

Las horas que Yolanda estuvo parapetada se hicieron interminables. Nosotros estábamos listos para un desenlace en cualquier momento. Como nuestra edición nacional no se ve en California sino hasta tres horas después, siempre que hay nuevos desarrollos en una noticia importante, trabajamos hasta más tarde para ir en vivo con la costa oeste. En este caso, era imprescindible hacerlo. Por eso hicimos un programa completamente nuevo para nuestra audiencia en la costa oeste. Pero, cuando terminamos, a las nueve de la noche hora de Miami, las negociaciones entre la policía y Yolanda todavía continuaban.

Para colmo, nos salimos de una para meternos en otra. Como era viernes, tuvimos que empezar a preparar de inmediato un especial sobre lo sucedido para nuestra próxima edición nocturna del martes. Lo primero que hicimos, fue mandar al entonces encargado del segmento de espectáculos de nuestro show, Mauricio Zeilic, a Corpus Christi a cubrir la nota de los funerales. A pesar de que él prefería que le avisaran con tiempo cuando iba a viajar, para mentalizarse contra su habitual pánico a los aviones, pudo controlar sus miedos frente a una noticia de tanta importancia. "¿Cuándo salgo?", preguntó mansito. A las pocas horas estaba por los aires, como todo un profesional.

A renglón seguido, citamos a todos nuestros corresponsales en México y los Estados Unidos, para trabajar el fin de semana. Los hechos nos obligaban a tener la más amplia cobertura.

Como siempre pasa, una vez terminadas las transmisiones, todavía estábamos un poco agitados. Toma tiempo bajar de ese viaje de adrenalina. Pero cuando todo volvió a la normalidad, tuve tiempo de meditar. No podía borrar de mi mente aquella imagen de Selena y Yolanda, hablándose en privado y riendo como mejores amigas. Me repetía las preguntas una y otra vez: ¿Quién era esa misteriosa mujer y por qué le había disparado a una muchacha tan dulce y carismática? ¿Qué pasó dentro de la habitación 158 del motel Days Inn? ¿Cuál fue el factor que provocó esta tragedia? En ese momento me propuse dar con las respuestas. Nunca pensé que me tomaría tanto tiempo encontrarlas.

Pasadas las diez de la noche hora del este, escuché un grito tan penetrante como el que por la tarde anunció que a Selena le habían disparado. "¡Ya se entregó!". Me di vuelta a la pared de nuestra redacción donde hay unos veinte televisores y vi a Yolanda multiplicada en todas las pantallas. La policía le tiró una chaqueta encima para protegerla de las cámaras y de la lluvia. John Morales había acertado. Estaba diluviando.

Aunque los oficiales la subieron a toda velocidad en una patrulla y se la llevaron, cada segundo pareció una eternidad.

En ese instante, presentí que éste no era el fin, sino el comienzo de la historia.

2

La cobertura especial

"¿Selena? Su música es horrible... ¡No sé qué piensan los mexicanos! Si van a cantar sobre lo que pasa en México... ¿qué van a decir?... únicamente que no pueden cultivar el campo, que viven en una casa de cartón y que tienen una hija de once años que es prostituta... ¡No sé cómo les puede gustar ese ritmo! ¡Parece la música de fondo de una clínica de aborto!". Para acentuar el mal gusto, mientras se oían estas palabras por la radio, sonaba música de Selena mezclada con un fondo de disparos de balas.

La bestia que dijo estas barbaridades no es otro que el locutor Howard Stern, popular entre los radioescuchas anglosajones por las imbecilidades que dice. Pero esta vez se pasó de la raya. Él le echó sal a la profunda herida de los hispanos esa mañana del 3 de abril de 1995, horas antes de que enterraran a Selena.

En el pasado, Stern había tenido problemas por insultar a otras comunidades —judíos, homosexuales, etc.— pero ahora no se iba a salir con la suya. Soy puertorriqueña, pero viví en Los Ángeles como jefa del Bureau del Noticiero Univision en esa ciudad. Durante ese tiempo me identifiqué con los millones de mexicanos que residen allí. Aprendí a reírme con su sentido del humor y apreciar su cultura. Por eso tomé los insultos de Stern personalmente.

En una reunión editorial del programa, sugerí que en apoyo a nuestra gente lleváramos a cabo una cruzada en contra de ese descarado y que nos uniéramos a LULAC (en inglés, el League of United Latin American Citizens), una organización nacional que defiende los derechos de los latinoamericanos en los Estados Unidos.

LULAC había hecho un llamado para boicotear los productos de los patrocinadores del programa radial de Stern. "Tenemos que cerrar filas con LULAC y las organizaciones que quieren hacer el boicot", dije indignada y añadí, "hay que ejercer presión para que se nos respete y se den cuenta de que los latinos somos poderosos en número y tenemos un gran poder adquisitivo". —Así lo hice y apoyé el boicot desde mi programa.

Presentía que esta causa despertaría pasiones fuertes y di en el clavo. Sofía Rodríguez, una mujer de Los Ángeles, dijo en mi programa al ser entrevistada en la calle: "Quisiera tener a Stern al frente para golpearlo".

Francisco Cruz, otro hispano de la misma ciudad, fue directo al grano: "Su ignorancia es bastante grande". Por declaraciones como éstas y otras más, me arriesgué esa tarde en el programa a hacer comentarios totalmente editoriales contra Stern: "Sus palabras deben ser repudiadas. Ni siquiera retractándose podrá cambiar lo que ya dijo. No hay excusa que valga".

Llamé a LULAC para conseguir la lista de anunciantes cuyos productos iban a ser boicoteados si no retiraban sus anuncios del programa de Stern. Por desgracia, ellos no tenían disponible una lista de patrocinadores a nivel nacional. LULAC tenía buenas intenciones pero a falta de recursos sus miembros estaban poco organizados.

A la mañana siguiente, escuché atentamente el programa de Stern, para saber con precisión cuáles eran sus patrocinadores. El programa se transmite de costa a costa, pero los anunciadores son diferentes en cada mercado en que se difunde. Ese día hubo dos en particular que me llamaron la atención. Primero Sears. Los llamé por teléfono y me respondieron con una carta contundente: "Tenemos la política corporativa de no asociarnos con el programa de Howard Stern. No queremos que el nombre de Sears de ninguna forma se asocie al de él. Selena contaba con muchos admiradores en nuestras tiendas".

En segundo lugar, hablé con McDonald's. Conocía a la que en ese momento era relacionista pública de la compañía y la llamé a su oficina en Chicago. "¿Cómo es posible que una firma con una reputación tan buena, se ensucie anunciándose con Stern?". le pregunté en tono de censura. Mi querida amiga sólo atinó a decirme que no se explicaba cómo el anuncio estaba ahí. Luego, McDonald's también me envió una carta explicando su posición de repudio hacia el programa de Stern. Ambas misivas fueron presentadas en *Primer Impacto*. También incluí en nuestro programa la dirección y el teléfono de las oficinas de Stern para que el público lo bombardeara con quejas. Acto seguido, hubo una manifestación frente a la estación en Nueva York desde donde él transmite su programa. Todo indicaba que el boicot estaba tomando fuerza.

Para tratar de aplacar la cosa, el locutor distribuyó a la prensa un video en el que aparecía pidiendo perdón en español. En la cinta, Stern dijo: "Como ustedes saben, soy una persona satírica. Mis comentarios sobre la trágica muerte de Selena, sin duda, no fueron hechos con la intención de causar más angustia".

Los representantes de LULAC no aceptaron la explicación. Su portavoz nacional reaccionó de una forma muy dura: "Queremos que lo saquen de la radio, queremos silenciarlo".

Nosotros dimos a conocer su disculpa, pero la catalogamos de inaceptable. "Con estas palabras Stern intentó apaciguar a los hispanos, tras sus imperdonables insultos. Es demasiado poco, demasiado tarde". dije yo ese día.

Poco después, supe que el presidente de Univision catalogó como acertada nuestra decisión de darle duro a Stern y de estar a la vanguardia. Estábamos defendiendo a nuestra gente. En el periodismo, el instinto nunca falla.

Los dueños de una importante cadena de supermercados en Texas sacaron de sus tiendas los productos que anunciaban en el programa de Stern. Pero con la excepción de ésta y otras repercusiones, el esfuerzo, desgraciadamente, a la larga no quedó en nada. En esos momentos nuestra comunidad estaba más en ánimos de guardar luto que de pelear.

En esos días, decenas de miles de personas inundaron las calles de Corpus Christi y San Antonio. Todos portaban velas encendidas, en vigilia. Rezaban, lloraban y cantaban a coro las canciones de Selena. En el funeral sucedió algo similar. Ese día gris, donde ni el sol quiso salir, el libro de condolencias fue firmado por 75.000 personas. Había tanta gente, que a última hora cambiaron el velorio de una funeraria local al centro de convenciones. La fila para entrar era tan larga que le daba la vuelta a todo el edificio. Su sepulcro amaneció cubierto con más de 8.000 rosas blancas, su flor preferida. Fueron muchos los que se llevaron una de las flores del lugar como último recuerdo.

Su pérdida caló profundamente. Tal vez, lo que dijo Estela Hernández, una televidente de Corpus, en uno de nuestros shows, refleja mejor el sentimiento de todos: "Sientes como si hubieses perdido parte de ti".

La noticia de su muerte le dió la vuelta al mundo. El periódico *The New York Times* la sacó en su primera plana y la cadena internacional de la televisión británica le dió un gran énfasis en sus reportajes.

La arena deportiva de Los Ángeles —el Coliseo— en donde se suponía que Selena cantara ese fin de semana en que falleció, fue transformada en una gigantesca iglesia donde 4.000 seguidores oraron por ella durante una misa. "La gente buena siempre se va pronto", dijo una de las asistentes.

Durante los meses inmediatamente después de su muerte, unas 1.200 personas visitaban su tumba en Corpus cada semana, otro tanto el motel Days Inn. El hospedaje se convirtió en un centro turístico. Las paredes exteriores de la habitación donde Selena fue baleada estaban llenas de mensajes para ella escritos a mano. Decían cosas como: DESCANSA EN PAZ, MI REINA. El público entraba en el cuarto como si se tratara de una macabra atracción. En la alfombra ya no había sangre, pero se veía fácilmente donde sí la hubo. Las partes desteñidas dejaban en claro que alguien se había esmerado en limpiarla. Eventualmente, la gerencia quiso alejar a los curiosos y volver a alquilar el cuarto, pero para ello tuvo que quitarle el número 158 de la puerta y asignarle uno diferente. De lo contrario, nadie hubiese querido quedarse allí. Los números de todas las habitaciones en esa misma sección fueron cambiados para evitar que algún listo pudiese adivinar cual había sido el famoso cuarto y regara la voz.

Frente a la casa de la cantante sus fanáticos hicieron un altar para adorarla. Me llamó la atención la carta que unos hermanitos sordomudos colgaron de la verja, y que decía: SELENA NUNCA PUDIMOS ESCUCHAR TU VOZ, PERO DISFRUTAMOS DE

LA BELLEZA DE TU MUSICA CON SÓLO MIRARTE. Desde una ventana cercana un vecinito de la cantante observaba lloroso. Selena había invitado al niño de nueve años a almorzar en McDonald's, como recompensa por haberla ayudado a rescatar a su perrito perdido. Tristemente, la muerte la sorprendió dos días antes de la cita.

Ante nuestros ojos y ante los lentes de nuestras cámaras, se desarrolló un fenómeno cultural nuevo que se repetía por todo el país: la Selenamanía. La gente tenia sed de Selena. Todos querían saber sobre ella. Mientras más, mejor. Era como si su muerte hubiese dejado un vacío que sólo podía ser llenado con información. Necesitaban información sobre su vida, sobre lo que provocó la tragedia y sobre el dolor que los hispanos estaban sufriendo colectivamente. Sensibles a esa necesidad, en *Primer Impacto* nos comprometimos a realizar un programa especial sobre el tema. Lo titulamos apropiadamente *Selena, se apagó una estrella.*

Para ese programa, viajamos de costa a costa y encontramos testimonios que son verdaderos tesoros, y que reflejan el impacto que tuvo la cantante en el pueblo. En la Florida, hablamos con un campesino mexicano que cultivaba lechuga. Nos contó que en el campo siempre colocaba una pequeña grabadora, encima de un tractor cercano, para escuchar el pegajoso ritmo de Selena. Recordándola, el anciano lloró a lágrima viva. Su pena era tan profunda y él se veía tan frágil, que yo también sentí deseos de llorar. Tuve que componerme antes de presentar la próxima historia.

Fuimos hasta Chicago, donde sus admiradores lanzaron al aire cientos de globos de helio. Estaban amarrados con un lazo del cual colgaba un cartel que decía simplemente: TE QUEREMOS SELENA. En El Paso, Texas, encendieron en su memoria la enorme estrella hecha de luces que adorna la falda de uno de los montes que circunda la ciudad. Un sin-número de estaciones de radio de todos los Estados Unidos llevaron a cabo maratones musicales con sus canciones.

Viajamos a Monterrey, México, donde localizamos a Gabriela Contreras, quien podría ser la hermana gemela de Selena. No sólo es físicamente idéntica a ella, sino también sus movimientos y su canto son similares. Unos meses antes del 31 de marzo, había entrado en contacto con la cantante, pero nunca llegaron a conocerse. Descubrimos a la pequeña Leticia Rivera en Miami, que sí llegó a conocer a Selena personalmente. Con sus ocho añitos, la imita con la esperanza de seguir sus pasos cuando crezca.

Ambas soñaban con interpretar los papeles protagónicos de Selena, de adulta y de niña, en la película sobre la vida de la cantante, pero no se dió. Durante las audiciones, en diferentes ciudades estadounidenses, se presentaron unas 21.000 aspirantes. Nadie podía creerlo. ¡Vinieron muchachas hasta de México y Puerto Rico! Los periódicos sacaron la noticia en primera plana, y no era para menos... sólo una vez antes en la historia de Hollywood se había visto una euforia semejante: durante las audiciones para el papel de Scarlett O'Hara en el clásico del cine *Lo que el viento se llevó*. Recuerdo el titular de un diario en particular, que leía: UN EJERCITO DE SELENAS. Debajo lo acompañaba una foto en la que se veía una fila interminable de chicas, que parecían dobles de la cantante, cuidadosamente vestidas y arregladas igual que ella. Era como si Selena estuviera viva y multipicada, gracias a la ilusión óptica provocada por un conjunto de espejos.

No sólo las mujeres la imitaban, sino que los hombres la adoraban. En nuestro programa especial presentamos a un tejano que fue al extremo de tatuarse la cara de Selena en un brazo. Ernesto Gómez nos enseñó con orgullo sus coloridos bíceps. Sin duda, el artista que le hizo el tatuaje era talentoso, pues logró recrear el rostro de la reina del Tex-Mex a la perfección. A la que no le hizo ninguna gracia la "aventura" fue a la esposa de Ernesto. Ella también era admiradora de Selena, pero todo tiene su límite. A ninguna mujer le gusta vivir con su marido y "otra" de por medio. Con el tiempo no le quedó más remedio que resignarse, porque el tatuaje era permanente.

Nuestros productores buscaron "hasta debajo de las piedras" para complacer al público que no se saciaba del tema, y dieron con personajes interesantísimos, como un travestí de San Francisco, que se disfrazaba de Selena para un show de cabaret. Lo hacía con la esperanza de convertirse en una estrella local. Por cierto, hablo de él en tiempo pasado porque irónicamente tuvo un final tan terrible como el de su ídolo. Meses después de la entrevista, murió arrollado por un auto. Algo igualmente trágico le pasó a Gloria de la Cruz, una muchacha de California a la que llamaban "la doble de Selena" por su increíble parecido a la cantante. Ella asistió a las audiciones para la película sobre la vida de Selena y meses después encontraron su cadáver en un basurero de Los Ángeles. Su asesino la estranguló y luego prendió su cuerpo en llamas.

En nuestra búsqueda también encontramos a Juvenal Marín, un hispano de California quien asegura que Selena se le apareció sentada sobre una nube, cuando meditaba bajo un árbol. Supuestamente, la cantante lo escogió para que le pidiese a sus fanáticos que no sufrieran más por ella.

El rostro de Selena adornó la portada de muchas publicaciones a traves del país. La revista *People* le dedicó varios reportajes de primera plana y los ejemplares se agotaron con tal rapidez que hubo que reimprimir más. Luego, *People* le rindió homenaje a la cantante con una edición especial dedicada enteramente a ella, tributo que sólo se le había conferido a Jaqueline Kennedy Onassis, la ex-primera dama estadounidense y a la legendaria actriz de Hollywood, Audrey Hepburn. En total, se vendió más de un millón y medio de revistas. Las ventas sorprendieron tanto a los editores, que eventualmente sacaron al mercado una edición regular de *People en español*.

Selena fue honrada por todo lo alto. El gobernador de Texas declaró al 16 de abril de 1995, como el día de Selena. En esa fecha, ella hubiese cumplido veinticuatro años, por eso más de mil admiradores de la cantante se presentaron al cementerio, cargados de instrumentos musicales, para cantar frente a su tumba "Las Mañanitas". El concejo de la ciudad de Houston le cambió el nombre al Denver Harbor Park de esa ciudad por el de Selena Quintanilla Pérez Park. En Washington, D.C., el instituto del caucus hispano en el Congreso conmemoró a la cantante en su cena anual de gala. En Corpus Christi, la ciudad que la vio crecer, le cambiaron el nombre al Bayfront Plaza Auditorium. Ahora se llama Selena Auditorium. Supe de un esfuerzo que se hizo también en Corpus para cambiarle el nombre a una calle por el de Selena, pero el bonito gesto terminó en un fiasco cuando se descubrió que la calle en cuestión cruzaba perpendicularmente con otra calle llamada Yolanda. Hubiese sido de mal gusto.

La cantante también recibió pequeños, aunque significativos, reconocimientos. La semana después de su muerte, en el condado de Santa Clara, California, siete de cada cien bebitas recien nacidas fueron bautizadas con el nombre de la cantante. En Texas, unas seiscientas niñas también fueron nombradas Selena en los meses subsiguientes. Y seguro que hay muchas más. En Houston, el restaurant La Palapa confeccionó un plato llamado "Especial Selena" que consistía de dos tacos, enchilada, arroz y frijoles.

La compañia Coca-Cola, que había contratado a la cantante

como vocera para sus anuncios de publicidad, la inmortalizó con una botella conmemorativa del refresco que lleva su nombre. La edición limitada se vendió a montones. Las ganancias fueron donadas a la Fundación Selena, una nueva organización sin fines de lucro que le otorga becas de estudio a jóvenes de pocos recursos y apoya a varias entidades que ayudan a los niños.

La cadena de restaurantes Hard Rock Café dedicó una estrella a su nombre. En su sucursal de San Antonio, se exhibe dentro de una urna de cristal, uno de los vestidos favoritos de Selena: el hermoso traje blanco que usó en el video musical de la canción "No me queda más". Meses después, cuando visité esa ciudad para una entrevista exclusiva con el padre de la cantante, pasé por el restaurante y ví que, como yo, muchos entraban sólo para admirar el vestido.

Luego de su muerte, sus discos batieron todos los records de venta. *Amor Prohibido* vendió más de un millón y medio de copias. Cuando se lanzó al mercado su primer y único álbum en inglés, *Dreaming of You*, hubo filas a la medianoche frente a las tiendas. Todos querían ser los primeros en comprar el disco. En veinticuatro horas se agotó el 75 por ciento del inventario disponible en las tiendas, y en una semana se habían vendido trescientos mil CDs. De la noche a la mañana, Selena se transformó en la segunda cantante femenina, en la historia de los Estados Unidos, en vender tantos discos en tan poco tiempo. Sólo Janet Jackson la había sobrepasado. Para fines de 1995, *Dreaming of You* obtuvo el doble disco de platino, tras vender dos millones de copias.

A través de toda la nación, el nombre de Selena se repetía una y otra vez. Aquéllos que la admiraban desde hacía tiempo confirmaban su talento. Para aquéllos que no la conocían —especialmente los anglosajones— apareció una nueva voz; versátil y trágicamente efímera. Sin duda, una de las consecuencias de su muerte fue el haber despertado el interés del mercado angloparlante hacia la música tejana.

¿Cómo se convirtió en un mito? ¿Qué veía la gente en esta sencilla muchacha de veintitrés años? ¿Qué esperaban de ella?

La frontera méxico-americana es un área donde desde hace mucho tiempo se han establecido inmigrantes de toda Centroamérica, especialmente mexicanos. Cientos de miles de personas dejan atrás su tierra natal en busca de un sueño de prosperidad y éxito. En su nuevo país, los inmigrantes trabajan duramente y sufren el racismo o la marginación, pero no regresan a su tierra de origen. Con los años, pasan a formar el corazón de la clase trabajadora o de la clase media. Su sueño no se ha realizado totalmente, pero la esperanza de una vida mejor es transferida a sus hijos. Es por eso que cuando uno de ellos triunfa, cruzando la frontera de la pobreza o del fracaso, todos triunfamos un poco.

Cuando la niña del barrio de Molina, en Corpus Christi, compañera de escuela, vecina y amiga, comenzó el sendero de la fama, todos apostaron un poco a ella, con la esperanza de que su sueño logrado consagrara los deseos de todos. De esta manera, Selena, con su éxito y sus canciones, reflejó las ansias de millones de hispanos que van tras una misma meta.

Los logros de Selena fueron los de toda su comunidad, así como su muerte fue la frustración de un sueño que recién empezaba a cumplirse. ¡Hasta Hollywood le había abierto las puertas! Su breve aparición en la película *Don Juan DeMarco*, con Marlon Brando y Johnny Depp, pudo haber sido el inicio de un camino dentro del séptimo arte. De hecho, la noche del especial, entrevistamos a una de las asistentes del director de la película, quien nos explicó que Selena fue elegida por su gran versatilidad, su físico, talento musical y carisma. "Podría haber continuado una prometedora carrera como actriz", concluyó. Fue una gran ironía que la película se estrenó a la semana de Selena haber muerto.

Poco antes de morir, a Selena también se le habían abierto las puertas en la pantalla chica, tras interpretar un papel en la exitosa telenovela que se transmitió internacionalmente por Univision, *Dos mujeres, un camino* con el galán Erik Estrada.

A la gente le habían quitado su ídolo, a uno de ellos que había llegado. Por eso querían retener a Selena para siempre en su recuerdo y en su música. Esto se hizo evidente no sólo en las ventas de discos, sino también en la forma desaforada en que sus admiradores empezaron a comprar toda la mercancía que llevaba el nombre de la cantante. A esos efectos, su familia produjo en masa camisetas, gorras, tazas de café, afiches, joyas, calendarios, etc. Sus familiares también hicieron un catálogo mediante el cual se puede ordenar por correo los diseños de ropa de la cantante e incluso pantalones vaqueros o *jeans* marca "Selena". Y es que antes de morir, la reina del Tex-Mex se había lanzado al mundo de la moda y soñaba con vender sus confecciones en gran escala. Esos diseños que ella dejó sin terminar aparecen en el catálogo. Por último, los Quintanilla sacaron a la venta cuatro fragancias distintas, cada una con el título de una canción de Selena. Uno de los perfumes se llama Amor Prohibido.

En el programa especial, también hablamos con empleados del motel. Entrevistamos en exclusiva a una mucama, considerada en ese momento la única testigo ocular del crimen. Rosario Garza juró esa noche en nuestro programa que ella vió a Yolanda dispararle a Selena a traición, en pleno pasillo. "Yo escuché un disparo y vi cómo ellas dos corrían. Vi como Yolanda le disparó de nuevo. Luego entró a su habitación y más tarde salió con una toalla que envolvía algo y se subió a la camioneta". Meses más tarde fuí la primera periodista en señalar las graves discrepancias entre su testimonio y los informes de la policía.

Otra mucama del motel, Norma Marie Martínez, dio en nuestro show su primera versión de los hechos. Para ella "Yolanda Saldívar iba corriendo detrás de Selena y le tiró y ésta salió gritando '¡auxilio, auxilio!' Selena siguió corriendo. Yolanda volvió hacia atrás, como si nada hubiera sucedido". Curiosamente, no dijo absolutamente nada sobre lo que testificó en corte después, donde aseguró haber escuchado a Yolanda llamar a Selena "puta", mientras la cantante corría en busca de refugio.

Sin duda el momento más emotivo del programa fue cuando entrevistamos a Abraham Quintanilla. Nuestro enviado Mauricio Zeilic lo visitó en sus estudios en Corpus Christi.

—Mi esposa está destrozada —comenzó diciendo—. Estamos encontrando fuerzas en nuestro creador para seguir adelante, pues tenemos fe en que veremos a Selena nuevamente en el día de la resurrección.

Quintanilla se declaró asombrado por las repercusiones que había tenido la muerte de su hija a nivel popular y aprovechó la oportunidad para agradecer las miles de condolencias que había recibido desde todos los rincones del país.

A continuación, Mauricio entró en un tema difícil: le pidió a Quintanilla que relatara todo lo sucedido.

—¿Selena fue confiada a ver a Yolanda Saldívar al motel?

—Selena confiaba en todos —respondió—. Ella no entendía lo popular que se estaba haciendo. Ella creía que no había gente mala en el mundo. Le gustaba ir sola a los centros comerciales de compras y yo le decía que tuviera cuidado. Ella me respondía "Papá, por favor, tú piensas que todo el mundo es malo".

Sobre Yolanda Saldívar sus comentarios fueron contundentes.

—Habíamos encontrado prueba de fraude. Tuvimos una

junta —Selena, mi hija Suzzete y yo— con ella y no pudo contestar a nada de lo que la acusamos. Así que decidimos echarla. Selena había retirado su firma de la cuenta de cheques y le pidió que le devolviera unos documentos bancarios. Fue con la excusa de devolverle los papeles que la hizo ir sola al motel. Quería matarla.

—¿Tuvo oportunidad de hablar con Selena en sus últimos momentos? —preguntó Mauricio.

—No, porque cuando llegué al cuarto de emergencia... ya estaba muerta... —dijo Quintanilla, derrumbándose entre sollozos.

Cuando pudo apenas reponerse, cayó en la nostalgia, recordando la carrera de su hija:

—¡Qué triste que sólo alcanzó a grabar cuatro canciones en inglés!

Fuera de cámaras, cuando terminó la entrevista, Quintanilla dio un grito que hizo retumbar las paredes:

—¿Por qué no despedimos a Yolanda hace tiempo? ¡Sí sabíamos que era una mala persona!

Para concluir el programa especial, hicimos un recuento de lo que hasta entonces se sabía en torno a los acontecimientos ocurridos justo antes y después del mortal disparo.

La noche antes de su muerte, Selena fue a ver a Yolanda al motel acompañada de su esposo, que la esperó afuera durante diez minutos. En la habitación 158 ambas mujeres discutieron sobre diversos asuntos, vinculados con importantes decisiones que Selena estaba a punto de tomar. Yolanda, que acababa de regresar de un viaje en carro a Monterrey, le dijo a la cantante que había sido violada en México... le entregó a Selena los papeles que le había pedido. Una vez en el auto, Selena notó que faltaban ciertos documentos. Al poco rato, Yolanda llamó a Selena por el beeper varias veces. Finalmente, Selena llamó y Yolanda le pidió que la llevara al hospital pues estaba sangrando mucho a raíz de la violación. Como era tarde, Selena prometió llevarla al día siguiente.

A la mañana siguiente, Selena llevó a Yolanda a un hospital de Corpus para que le hicieran un chequeo. Al llegar allí, el personal médico destacó que la paciente presentaba claros síntomas de depresión.

Según todas las versiones, Selena era la que hablaba y daba instrucciones, estando presente en todo momento mientras le hacían el reconocimiento a su amiga. Yolanda declaró que había sangrado "un poco" luego de la violación, a lo que Selena replicó indignada que a ella le había dicho que había sangrado en abundancia. En ese momento, al personal médico le dio la impresión de que Yolanda mentía y de que ahora Selena no le creía.

En el hospital no le hicieron un exámen ginecológico a Yolanda porque ella era residente de San Antonio y el supuesto ataque había sucedido fuera de su jurisdicción, en otro país.

Inmediatamente, ambas mujeres abandonaron el centro médico y regresaron al motel. Era poco antes del mediodía.

Dentro de la habitación 158 se desencadenó el drama. En un momento dado, Yolanda tomó su revólver y, de alguna manera, una bala se disparó contra Selena. La cantante salió corriendo del cuarto, desangrándose. Llegó a la recepción del motel, donde cayó al suelo. Los empleados llamaron al 911, mientras intentaban ayudarla. La ambulancia no tardó en llegar.

Mientras tanto, Yolanda, que había salido brevemente al pasillo, entró al cuarto 158. Poco después, volvió a salir, caminó al estacionamiento del motel y se subió a la camioneta. En eso, un policía se le acercó, y ella apuntó el revólver a la cabeza. En cuestión de minutos, acudieron varias patrullas y ella quedó rodeada por decenas de oficiales.

Hasta el momento, no se sabía nada más. Mucho más tarde,

cuando empezé a armar el rompecabezas de la reveladora historia detrás de la muerte de Selena, descubrí detalles que iban más allá del simple argumento inicial: que Yolanda había matado a la cantante porque se sintió acorralada tras ser acusada de robo durante una reunión con la familia Quintanilla. Una de las piezas que no encajaba en el esquema era que dentro de la habitación 158 Selena dejó una maleta llena de ropa y su permiso de trabajo en México. ¿Es que la reina del Tex-Mex iba a alguna parte? Esa valija tendría un singular destino y sin duda jugó un papel importante esa fatídica tarde.

En Univision, evaluamos la verdadera dimensión de la Selenamanía luego de transmitido el especial *Selena, se apagó una estrella*. Obtuvo 30 puntos en el sistema de medición de audiencia, lo que no dejaba lugar a dudas de que nos encontrábamos frente a un tema impactante. Para que tengan idea, un punto de rating equivale a 72.100 hogares. Fue el segundo programa de mayor audiencia en la historia de la TV hispana en el país. Batió todos los records y se transformó en un video de colección para los amantes de Selena. Nos entraron tantos miles de llamadas esa noche, que el sistema telefónico de Univision se paralizó. Todo el mundo quería saber cómo comprar el video. Univision complació al público, repitiendo el programa el domingo siguiente. La sintonización fue de 29 puntos. ¡Casi tan popular como la primera vez! Frente a esta realidad, la vicepresidenta de noticias, Alina Falcón, y el presidente de Univision, Ray Rodríguez, decidieron apoyar la cobertura del venidero juicio con todos los recursos técnicos y económicos posibles. Gracias al respaldo del público, nos lanzamos en esa misión. Cuando me asignaron el proyecto, me sentí honrada. Era una gran responsabilidad y la acepté con gusto. Además, desde el primer día sentía fascinación por el tema y quería llegar al fondo de por qué pasó realmente lo que pasó dentro de la habitación 158.

Ese verano, nuestra cobertura especial consistió en seguir de cerca los preparativos para el juicio. El estado le asignó a Yolanda Saldívar un defensor de primera, pagado por el pueblo. Era nada menos que el veterano Douglas Tinker, quien poco después fue elegido Mejor Criminalista del Año por sus colegas del Colegio de Abogados de Texas.

Tinker es famoso por sus éxitos así como por su audacia. Le encantan los casos difíciles y controversiales, en los que se pueda destacar. Y son muchas las causas "casi perdidas" que ha ganado. Se siente tan confiado de sí mismo, que hasta mandó a hacer camisetas para regalar, que leen: SI TINKER NO LOGRA SACARTE DE LA CARCEL, PROBABLEMENTE ERES CULPABLE. En el pasado, había sido centro de polémicas cuando defendió a un miembro de la secta religiosa de David Koresh, luego de la tragedia de Waco. Pero jamás había tenido un cliente como Yolanda Saldívar. Todo y todos estaban en su contra. Hasta la Sra. Tinker se opuso en un principio a que su marido la representara, pues tenía miedo a represalias contra su familia por parte de la comunidad.

Su adversario en este caso fue el fiscal del distrito Carlos Valdez, un joven abogado de origen hispano nacido en Texas, muy serio y formal. Su estilo es elegante, su voz suave y usa unos anteojos que ayudan a disimular su cara de niño. Valdez enfrentaba una próxima elección y no le venía mal un caso con tanta publicidad para ser reelecto. Además, él había crecido en el barrio de Molina en Corpus, a sólo unas cuadras de la familia Quintanilla. Selena era prácticamente su vecina. Por eso, un íntimo amigo de él me confesó, para Valdez era importante que en este caso en particular se hiciera justicia. Para el fiscal, no sólo representaba un compromiso profesional, sino también un deber a nivel personal.

Valdez escogió como principal asesor para el juicio a Mark

Skurka, un abogado corpulento que en corte tiene la efectividad de un tanque de guerra. Precisamente por ese estilo agresivo, completamente distinto al de su jefe, es que ambos se complementaban. Juntos formaban un equipo balanceado.

En el lado de la defensa, Tinker contó con la ayuda de Arnold García, un méxico-americano ex-fiscal del distrito con treinta años de experiencia. García no sólo es un investigador incansable sino que también habla español. Físicamente, eran polos opuestos. Tinker es altísimo, y tiene una barba tan blanca y espesa que se puede confundir con Santa Claus. Tanto es así, que todas las Navidades, él se disfraza de Papá Nöel para repartirle regalos a los niños pobres de Corpus. García, por el contrario, es bajito, rechoncho y tiene un enorme bigote negro. Él mismo dice divertido que a veces lo confunden con Pancho Villa.

El juez del caso fue Mike Westergren, a quien apodé "el juez del lazito", pues cuando no usa la toga judicial, acostumbra llevar una pequeña corbata amarrada en forma de lazo. Es conocido por su control y disciplina en el manejo de la corte y por sus fuertes convicciones. Una vez, anuló un veredicto después de que el jurado encontrara culpable al acusado. Westergren había sufrido recientemente una gran desilusión, pues fue considerado para integrar la Corte Suprema del estado de Texas y al final no recibió el nombramiento. El juicio de Yolanda Saldívar era una buena oportunidad para demostrarle al mundo cuán capaz era.

Cuando se supo el monto de la fianza de Yolanda Saldívar, el público se llenó de ira: "¡Cien mil dólares de fianza no es nada!", gritaba una llorosa mujer que me habló por teléfono. Al no entender las leyes de Texas, muchos también se preguntaban por qué no se había pedido la pena de muerte para la acusada. Sucede que en Texas, la pena capital sólo es aplicable para los criminales que cometen una "doble felonía", o sea, un delito que se ve agravado por estar acompañado de otro hecho tanto o más serio. Por ejemplo, si Yolanda hubiera matado a Selena mientras la estaba robando, hubiera sido una doble felonía, o si además de Selena, hubiesé matado a otra persona, se hubiese podido pedir la pena de muerte para ella.

Desde un principio comprendí que la clave de la cobertura giraría en torno a dos personas: Selena y Yolanda Saldívar. Por desgracia, una de ellas ya no estaba con nosotros. Por eso, apenas comencé a cubrir la noticia, mi meta fue hablar con Yolanda. Pero, ¿cómo llegar a ella? Opté por ser directa y franca. Luego de pensarlo mucho, le envié una carta escrita a mano, en inglés. Lo hice así para que sus abogados entendieran la propuesta y pudieran asesorarla al respecto. Fue manuscrita para que tuviera un carácter más personal. De una forma amable, me presenté y le propuse que, cuando ella quisiera, tuviéramos una entrevista. "Soy la presentadora de *Primer Impacto,* que se transmite por Univision a todos los Estados Unidos y quince países de América Latina, incluyendo México. Nuestro programa es la revista noticiosa número uno de la televisión hispana". Luego, con claridad, le señalé mis objetivos: "Pienso que una cobertura justa no está completa, si no se oyen las versiones de ambas partes. Por eso, con todo respeto, deseo pedirle una entrevista, en la que usted esté acompañada por su abogado y tenga la oportunidad de expresar su punto de vista. Le doy mi palabra de que la misma se hará en un marco de seriedad, objetividad y respeto".

En ningún momento le nombré a Selena y siempre hablaba de "los eventos del 31 de marzo" cuando me refería al crímen. Junto con la carta le envié una de mis fotos, para darle un toque más personal. Después me enteré que, de todas las propuestas que le llegaron, la mía fue la única que le llamó la atención.

"Fue la más humana que recibió", me comentó su hermana más tarde.

Otro factor que ayudó, es que tanto mis compañeros del programa, como yo, nunca nos referimos a Saldívar en los reportajes como "la asesina". Fui cuidadosa en utilizar términos como "sospechosa" o "acusada". Esto siempre debe ser así porque todo el mundo es inocente hasta que se demuestre lo contrario. Bueno o malo, así es el sistema legal en este país. Pero en esos días el odio y el prejuicio contra Yolanda eran tan poderosos, que muchos periodistas dejaron de ser objetivos. Admito que lo hice también por otras razones. Después de enviarle la carta, me enteré que Yolanda no sólo veía siempre mi show, sino que sabía perfectamente bien quién yo era. No quise que pensara que éramos irresponsables. Deseaba sentar las bases para ganarme su confianza de una manera justa y profesional.

También busqué llegar a ella por medio de su abogado defensor. Fue una mala idea. Cuando llamé, Tinker fue muy seco. Me dijo en un tono grosero que "Ni ahora, ni en un mes, ni durante el juicio habrá entrevista con Yolanda. De ninguna manera, ¿entendió? Y si está en mis manos *nunca* la habrá, así que está perdiendo su tiempo". Yo me quedé lívida y callada, pero sólo por un segundo. En estas situaciones, hay que pensar rápidamente o se pierde la oportunidad. Le dije:

—Con todo respeto, Sr. Tinker, no entiendo su actitud. En estos momentos, todo el mundo considera a su clienta culpable. Una entrevista sólo puede ayudar a su caso, algo tendrá que decir ella en su defensa.

En verdad, no fue el mejor de los argumentos, y seguro merecí lo que vino después. Tinker me interrumpió:

—Señorita, yo a usted no le debo explicaciones —y me colgó el teléfono, tan fuerte que casi me rompe el tímpano.

Me sentí frustrada, furiosa, humillada y avergonzada. Sabía

que sólo estaba haciendo mi trabajo, y que él tambien estaba haciendo el suyo, pero como quiera pasé un mal rato. Cuando se me pasó el mal sabor, me propuse conseguir la entrevista exclusiva con Yolanda. No estaba dispuesta a darme por vencida y sabía que con paciencia y perseverancia todo era posible. Mucho tiempo después, mis esfuerzos fueron recompensados. Pero lo que no imaginé en ese momento era que más tarde haría las paces con Tinker y que él terminaría ¡hasta invitándome a almorzar!

Tras la colgada de Tinker, me fui por otro camino. Llamé a Arnold García, su compañero de defensa. Él escuchó calmado mi petición y nunca descartó que la entrevista con Yolanda se pudiese llevar a cabo en un futuro. Desde un principio, nos caímos bien y nos mantuvimos en comunicación a través del proceso. Parte de su labor era hablar con la prensa hispana, y especialmente, tirar "carnadas". En ocasiones, me decía: "Deberías darle un vistazo a tal o cual documento". No daba más explicaciones, y yo, sin preguntar, me iba tras la pista. A veces encontraba cosas muy interesantes y exclusivas, otras veces me daba cuenta de que él quería llevarme por caminos que se desviaban del caso y me desenfocaban de Yolanda. Arnold conocía bien el poder de los medios de comunicación y la importancia de ellos para cambiar la opinión del público sobre su cliente. Pero en ningún momento me dejé manipular y me negué a reportar algo sin pruebas o que no fuera relevante.

Un día, marqué el número de teléfono de la familia Saldívar. La primera llamada fue la más difícil. Me contestó María Elida, una hermana de Yolanda. Cuando me presenté pude sentir su pánico a través de la línea. Le rogué que no me cortara, y no lo hizo. Para tranquilizarla y poder abrir una puerta al diálogo, le dije: "Sé que los abogados de Yolanda les han prohibido hablar con la prensa, por eso no me digas nada que pueda comprometerte, sólo escúchame". Le indiqué mi intención de entrevistar a

Yolanda, pero le dije que entendía que tal vez éste no era el momento apropiado. Mientras tanto, quería explorar la posibilidad de hacer un programa donde hablara su familia. Le pedí que no se sintiera presionada, que lo discutiera con los suyos. Quedé en llamarla la semana siguiente.

Aunque la entrevista con la familia no se concretó inmediatamente, durante los meses que siguieron hablé casi todas las semanas con María Elida. Le agradezco que me haya dado su confianza y regalado una bonita amistad. Poco a poco, pasamos de sus monosílabos iniciales a tener un buen diálogo, sobre su familia, su hermana presa y acerca de cosas de la vida cotidiana. Así descubrí qué familia tan unida, cariñosa y sacrificada tenía Yolanda, y cuánto sufría. La gente los trataba como a los leprosos en tiempos bíblicos, sólo por estar emparentados con la acusada de asesinar a Selena. Ellos comenzaron a confiar en mí y a hablarme de sus sesiones de oración los domingos en la noche para pedirle a Dios por la causa de Yolanda. "Cuando se sepa la verdad, todos pensarán de otra manera", me decían siempre. Yo estaba intrigada. ¿Habría una verdad oculta en algún lado? Para todos, este caso era blanco y negro. Nadie se imaginaba que en realidad abarcaba una amplia gama del gris.

Durante ese verano, investigué por todos los lados imaginables la vida de Yolanda y la de Selena. Leí miles de páginas con todo tipo de información. No hubo libro o artículo sobre el tema que no pasara por mis manos. De todos saqué algún dato. Tampoco se me escapó ningún documento legal. Entre las mociones de los abogados, encontré buenas pistas y valiosa información que me ayudó a sacar reportajes exclusivos. Muchas personas se preguntaban cómo lo lograba. Lo irónico del caso es que casi todo estaba en el registro de la corte. Sólo había que pasar el tiempo buscando y husmeando.

Una tarde di con unos documentos legales referentes a la

herencia de Selena y decidí hacer un reportaje al respecto para aclarar dudas. Una revista mexicana había publicado que el padre y el viudo de Selena se estaban peleando por el dinero que había dejado Selena. El artículo había sido escrito de manera irresponsable, basándose tan sólo en rumores.

El padre de Selena y Chris estuvieron más que dispuestos a hablar para *Primer Impacto*. Querían dejar bien claro que las cosas entre ellos andaban muy bien. Y no tuvieron que esforzarse mucho, pues la interacción entre ambos lo hizo evidente. Se trataban como padre e hijo. Abraham tenía una actitud protectora hacia su yerno y en un momento dado Chris le dio a su suegro una palmadita en la espalda en señal de cariño. Quintanilla dijo que estaba muy disgustado con las alegaciones que hizo la publicación mexicana. No sabía de dónde habían salido esas barbaridades.

En mi reportaje expliqué en detalle qué pasó exactamente con la herencia de Selena. Para empezar, no había un testamento. Al momento de morir, la cantante era tan jóven y estaba tan llena de vida, que ni a ella ni a nadie le pasó por la mente que su fin estuviese cerca. Por eso la repartición de sus bienes se hizo de acuerdo a lo que estipula el estado de Texas, en ausencia de un testamento. Sus herederos, según la ley, son su viudo y sus padres, Abraham y Marcella Quintanilla. Ellos tres consultaron en grupo a un mismo abogado y firmaron un acuerdo amigable, para "honrar la memoria de Selena".

Hablando en dólares y centavos, la cantante y su esposo tenían un total de 326 mil dólares en posesiones y bienes gananciales. Al morir Selena, todo eso fue heredado por Chris y consistía de lo siguiente: inversiones en las boutiques de Corpus Christi y San Antonio, cuentas bancarias, muebles, ropa, joyería, su colección de huevos, una motocicleta, su auto marca Porsche, una camioneta e instrumentos musicales.

Los familiares inmediatos de la cantante firmaron un documento que, entre otras cosas, le concedió a Abraham Quintanilla el derecho a administrar los bienes, compañías y posesiones que dejó Selena. En otras palabras, él pasó a ser albacea de todo. Según Quintanilla, ningún otro miembro de su familia entiende el negocio de la música. Obviamente, Chris estuvo de acuerdo. Su especialidad es estrictamente el aspecto creativo de la música y no el financiero.

Aún así, un experto legal consultado por *Primer Impacto* cree que Chris cometió un error al no tener su propio abogado que lo asesorara individualmente. Esto fue lo que hablé con el licenciado por televisión:

—Según explican las partes, ellos tienen una muy buena relación entre la familia, el viudo y el padre de Selena. ¿Es eso suficiente razón para no estar representado por un abogado? —le pregunté.

—No. Por más amistad que haya siempre es recomendable estar representado por un abogado. El señor Pérez posiblemente no tiene conocimiento de la ley, y si lo tiene es muy limitado. Un abogado siempre lo puede orientar mejor. Es posible que él no entienda la capacidad del documento que firmó...

Un detalle interesante es que los herederos se dividieron lo que se conoce como "propriedades intelectuales" de Selena, un término abstracto para lo que en palabras cotidianas quiere decir que la familia manejaría los negocios de todas las creaciones de la cantante. Ese acuerdo es privado y Quintanilla dejó claro en otra entrevista que no era asunto de nadie. Por cierto, él pegó el grito en el cielo cuando saqué la noticia de la herencia en el programa. Le molestó muchísimo que yo hubiera consultado a un experto legal y que para colmo el abogado hubiese "sugerido" que Chris debió haber tenido su propia representación legal. Sin duda, el tema es espinoso y es difícil no salir perdiendo cuando se discute.

Lo que Selena dejó en propiedades y dinero en efectivo estaba muy por debajo de lo que la gente pensaba que ella tenía. La revista *Hispanic Business* calculó que Selena había ganado cinco millones de dólares solamente en el año anterior a su muerte, lo que la había colocado en la lista de los veinte artistas hispanos que más ingreso devengaron entre 1993 y 1994.

¿Dónde estaba ese dinero? Lo que pasa es que todo lo que ganaba la cantante iba a la corporación formada por miembros de la familia Quintanilla, y una vez cubiertos los gastos, se repartía entre Selena, su padre y sus hermanos. No se sabe con certeza en qué forma, pero varios informes aseguran que todo se dividía en partes iguales, entre los cuatro. En fin, la cantante no era millonaria porque sólo recibía una fracción de lo que devengaba.

De todos modos, la herencia, los bienes o el dinero son apenas una ínfima parte de ese rico universo que fue la vida de Selena, aunque haya vivido poco. A mitad de la investigación, descubrí que la vida de Selena fue mucho más profunda y compleja de lo que la gente creía. Lo mismo me sucedió con Yolanda Saldívar. Cuando la conocí y pude estudiarla en detalle, encontré que no era una persona gris y monótona como todos pensaban. Al contrario, ella es más bien un complicado arcoiris, con énfasis en el adjetivo "complicado".

Sin duda, para que entiendan, como yo, lo que pasó en la habitación 158, es necesario que primero conozcan a fondo a las dos protagonistas de este drama.

3

Selena

Selena recibió su nombre por un error de cálculo. El 16 de abril de 1971 fue un día lleno de felicidad para Abraham y Marcella Quintanilla. Su tercer hijo estaba a punto de nacer y en sus corazones estaban convencidos de que sería varón. Tenían todo preparado para el futuro miembro de la familia, que se llamaría Marc Anthony.

En el hospital, la mujer que compartía la habitación con Marcella, por el contrario, juraba que iba a tener una niña, a la que quería llamar Selena. Pero el destino les jugó una mala pasada a todos. En vez de Marc Anthony, el matrimonio Quintanilla tuvo una hermosa bebita, mientras que su compañera de cuarto dió a luz a un varón.

Ni Abraham ni Marcella habían tenido en cuenta la posibilidad de que naciera una niña, de manera que no tenían pensado ningún nombre para la eventualidad. La solución fue simple. Después de discutirlo un poco, echaron mano al nombre que había pensado la vecina de cama de Marcella. Así nació Selena Quintanilla, ese Domingo de Pascua, en Lake Jackson, un pequeño pueblo localizado en el sureste de Texas.

Al otro día, todo volvió a la normalidad. Abraham regresó a su puesto como encargado de envíos y operador de maquinaria para la compañía petroquímica Dow Chemical. Su trabajo era rutinario y, en realidad, le aburría. Él siempre había aspirado a mucho más: a lograr el éxito que le era esquivo desde su juventud.

Su vocación real era la música. Durante la década de los sesenta, Abraham vivió en Corpus Christi y formó parte del grupo Los Dinos. Además de cantar, él se encargaba de negociar los contratos musicales de la agrupación. El conjunto tuvo cierto éxito local, y uno de sus discos sencillos pegó también en otros estados del suroeste, como Arizona y California. Pero los constantes viajes del grupo eran demasiado para Quintanilla, que ya contaba con una esposa e hijos. Así que eventualmente tuvo que dejar a Los Dinos y tomar el empleo con Dow Chemical. Cinco años más tarde, en el 1974, la agrupación musical se desintegró.

Esta frustración quedó siempre en la memoria de Abraham y, de alguna manera, se juró buscar la revancha de su destino, ya fuera por sí mismo o a través de sus hijos. Años más tarde diría: "Cuando yo me di cuenta de que mi hija podía cantar, vi ahí la continuación de mi sueño".

De niña, Selena era muy activa y atlética. Lo mismo jugaba a la pelota con los varones que a las muñecas con sus amiguitas. Su hermana Suzette recuerda cómo desde pequeña a Selena le gustaba la moda y cómo un día le diseñó un trajecito a una de sus muñecas en una tela brillante color violeta. Pero su verdadero talento era su voz y eso se descubrió casi por accidente. Un día, su hermano A.B. recibió un bajo de regalo. Los celos llevaron a Selena a competir con lo que podía, de manera que agarró el viejo libro de canciones de su papá y lo recibió a su llegada del trabajo, cantándole una de esas melodías. Su voz y entonación sorprendieron a Abraham, que siempre tuvo buen oído para la música. Una luz se prendió en el cerebro de Quintanilla. La continuación de su sueño había comenzado.

A principios de la década de los ochenta, la familia Quintanilla dió un paso decisivo. Abraham abrió su propio negocio, un restaurante de comida mexicana que llamó Papagallo's. Estaba tan convencido de que le iba a ir bien en esta nueva empresa, que al poco tiempo dejó su trabajo en Dow Chemical, para dedicarse de lleno a manejar el local. Hizo construir una pista de baile y un pequeño escenario para la presentación de grupos locales. Naturalmente, el número habitual sería sus propios hijos, que bajo su dirección habían formado un conjunto musical al que llamaron Los Dinos. No fue coincidencia. Abraham sabía que con ese nombre ya conocido, el grupo recibiría mayor publicidad. Lleno de entusiasmo, Quintanilla forró las paredes del garaje de su casa con pedazos de alfombra y lo convirtió en un estudio a prueba de sonido, para que sus hijos ensayaran; A.B. en el bajo, Suzette en la batería y Selena como vocalista. Las luces para sus presentaciones fueron hechas a mano por el propio Abraham, quien las fabricó usando latas vacías.

Cuando debutaron en Papagallo's, Selena tenía nueve años. En un viejo video se la ve pequeñita, tomando un micrófono mucho más grande que su mano, cantando "La Bamba". Su cuerpo de niña engañaba, pues la voz que le salía de adentro era firme, como la de toda una mujer. ¡Había que verlo para creerlo! Su papá se llenaba de orgullo al ver la reacción de incredulidad del público cuando escuchaba el portentoso galillo de su hija. Recordando aquellos tiempos, Quintanilla dijo: "Selena tenía una entonación perfecta. Algunas personas van a la escuela para aprender música y nunca logran dominar ese campo. En solo un mes, mis hijos tocaban cuatro canciones magistralmente. Ellos tenían talento".

Pero la suerte no los acompañó esta vez. La clientela de Papagallo's disminuyó con la crisis petrolera y el negocio eventualmente quebró. Los Quintanilla tuvieron que vender su casa, y se quedaron prácticamente en la calle. Fue una época muy difícil, durante la cual Abraham cambió varias veces de trabajo y la familia tuvo que mudarse un sinnúmero de veces. Finalmente, cansado de vivir como un gitano, Quintanilla decidió volver a Corpus Christi. Allí estaban sus raíces, sus familiares, y lo esperaba un nuevo futuro.

En Corpus, Abraham tuvo que empezar de nuevo. Sin capital, sin ninguna entrada fija y sin ninguna profesión, tuvo que echar mano a lo que se le presentó. Comenzó ayudando a un hermano suyo que tenía un negocio de alquiler de camiones. Pero estaba claro en una cosa, ese trabajo sería temporal; su meta era volver al negocio de la música. Ese era el mundo que mejor conocía y contaba con un gran instinto y visión para triunfar en ese campo. Además, no sería empleado de nadie.

Para hacerlo, tenía los recursos materiales mínimos, pero podía depender de sus tres hijos. Gracias a las lecciones en el garaje de la casa, los Quintanilla habían aprendido las claves en el manejo de los instrumentos y del canto. Como su primer idioma era el inglés, los jovencitos aprendieron las canciones en español fonéticamente y luego, gracias al asesoramiento de su padre, supieron cómo dar las inflexiones dramáticas que correspondían a cada momento. Los Dinos eran una empresa familiar donde todos aportaban lo que podían. Abraham fungía como administrador e ingeniero de sonido, sus hijos eran los músicos y Marcella se encargaba de las comidas, del apoyo a todos y hasta operaba el sistema de luces durante el espectáculo. Compraron un viejo autobús al que llamaban Big Bertha donde viajaba hasta el perro.

En aquella época, Quintanilla acostumbraba llevar de paseo a su familia por los barrios más ricos de Corpus. Señalándoles las mansiones, una vez les dijo a sus hijos: "Algún día ustedes tendrán todo esto, ¡no se rindan!". Poco imaginaba él cuán proféticas serían sus palabras, aunque para que se hicieran realidad tendría que pasar mucho tiempo.

Los primeros años fueron difíciles. Los Dinos recorrían el estado de Texas en su Big Bertha, donde comían y muchas veces dormían. Ellos cantaban para poder comprar alimentos, ya que la familia no tenía ningún otro ingreso. La plata apenas rendía lo suficiente para comprar gasolina y pagar un motel donde pasar la noche. Las puertas no se abrían fácilmente a un grupo musical formado por gente tan joven, con una vocalista infantil y, para colmo, mujer. Sólo pudieron subsanar en algo la apariencia de Selena, haciéndola lucir algo mayor gracias a maquillaje y a un vestuario adecuado. Para transformar a la diminuta cantante había un cuartito con tocador en el Big Bertha. Años después, cuando Big Bertha ya no daba para más, papá Quintanilla se lo vendió a un productor de espectáculos de Nueva York. En aquel momento, el vehículo era prácticamente chatarra sobre ruedas y Abraham pensó que había hecho el negocio de su vida. Pero tras la muerte de Selena, el comprador del Big Bertha me escribió a Univision para ver si me interesaba hacer un reportaje sobre su nuevo proyecto: iba a arreglar el viejo autobús para convertirlo en museo ambulante. Pensaba pintarlo de negro, el color favorito de la cantante, y llevarlo de gira por todo el país. Quintanilla jamás pensó que la carcacha podría convertirse en una mina de oro.

Entre 1981 y 1983, Los Dinos se presentaron en cuanto espectáculo pudieron. Animaron fiestas familiares, bodas y cumpleaños. Recorrieron el sur del estado donde los esperaban los trabajadores del petróleo los fines de semana, en las cantinas y en diversos lugares nocturnos.

Mientras la empresa de Los Dinos se desarrollaba, Selena ingresó a la West Oso Junior High School, para completar su educación. Todos sus maestros la recuerdan como una niña muy inteligente y despierta. Lupe García, su maestro de historia americana, cuenta cómo un día en 1983 Selena le anunció que había grabado su primer disco, y le preguntó si le gustaría tener uno. García le dijo que sí, pero cuando Selena le trajo orgullosa su LP, luego del agradecimiento, García recibió por respuesta: "Son cinco dólares". Mientras los guardaba, con una sonrisa le replicó: "Son los primeros cinco dólares que he ganado con ésto".

A la maestra de séptimo grado de Selena, Marilyn Greer, no le hizo ninguna gracia la carrera musical de la niña. Para ella, Selena era una estudiante inteligente y talentosa, con grandes posibilidades, pero estaba siendo desperdiciada cantando en bares los fines de semana hasta las dos de la mañana, en vez de vivir como cualquier niña de su edad. Pero lo más grave era que su rendimiento escolar había declinado. Selena faltó a clase muchos viernes y lunes. Durante la semana se veía cansada. Suzette Quintanilla recuerda que durante esta época era común que su hermana se quedara dormida durante los intermedios de las presentaciones.

Marilyn Greer discutió la delicada situación con Quintanilla y se encontró con una pared de frente. Él no pensaba que estuviese explotando a su hija y acusó a la maestra de meterse en asuntos que no le correspondían. Ella amenazó con reportarlo a la Agencia de Educación de Texas y él simplemente sacó a Selena de la escuela y la ingresó en un conocido colegio de Chicago que ofrecía cursos de escuela secundaria por correspondencia.

Era la misma institución que también le había dado clases por correo a los miembros del mundialmente famoso grupo musical conocido como La Familia Osmond. Quintanilla nunca pensó que volvería a cruzarse con la profesora Greer. Y menos todavía imaginó que cuando volviera a tenerla de frente, una década después, ella sería una testigo clave en corte para la mujer acusada de asesinar a Selena.

La deserción escolar de Selena coincidió con los primeros pasos de trascendencia en su carrera musical. Después de dos años de recorrer todo Texas, en 1983 Los Dinos se presentaron por primera vez en el programa de televisión de Johnny Canales, para promocionar su nuevo disco. Canales era el maestro de ceremonia y su show tenía una gran audiencia en Corpus y en el resto del sur de Texas. La oportunidad le sirvió a Selena y a sus hermanos de trampolín. Gracias a la difusión televisiva, conquistaron amplias zonas del público que aún no los conocía, volviéndose en uno de los conjuntos más populares de música tejana.

Pero más que el acceso a los medios de comunicación o haber grabado un CD o haber tenido un gran talento musical, la carrera ascendente de Selena responde, también, a la circunstancia histórica que vivía la música tejana a mediados de los ochenta. El aumento de la inmigración hispana hizo que esta minoría llegara a los treinta millones de personas al final de esa década, lo que significa un mercado potencial sin precedentes para la música. Debemos sumar a esto los millones de mexicanos que, del otro lado de la frontera, también disfrutan de la cultura Tex-Mex. No llama la atención, entonces, que las ganancias de la música tejana se hayan disparado en los años ochenta y noventa. Para 1994, la industria producía unos cincuenta millones de dólares. A mediados de los ochenta estaban dadas las condiciones para que se desarrollara un nuevo fenómeno dentro de la cultura hispana, gracias a las comunicaciones y al desarrollo de esta franja del mercado. Selena estaba en el lugar correcto en el momento indicado y tenía el talento para aprovechar su oportunidad.

Dió la impresión de que de un día para otro Selena se transformó de niña a mujer. Ella comenzó a vestirse con ropa ceñida al cuerpo que destacaba sus esculturales curvas. Pero no se veía indecente, sino sexy. Sabía cómo sacarse mejor partido con maquillaje, pestañas postizas y accesorios, sin verse pintorreteada, ni vulgar. Empezó a cuidar su dieta para mantenerse esbelta, pues aunque nunca tuvo un problema de sobrepeso, sí tenía una tendencia a verse más rellenita y éso a ella le preocupaba. Se tomaba galones de agua con limón y ella misma se masajeaba los muslos en forma circular, con la idea de que eso la ayudaría a combatir la celulitis. Ella también pensaba que tenía el trasero demasiado grande, sin entender que su voluptuosa figura era uno de los atributos más admirados por su público.

Sus admiradores también fueron conquistados por su actitud coqueta y juguetona en el escenario. Lo que pocos sabían, es que no se trataba de una actuación calculada. Selena *era así*. A esos efectos, la familia de la cantante le contó a la revista *People* varias anécdotas. Como por ejemplo, lo que tuvo lugar tras una presentación de Selena con el grupo tejano La Mafia. A escondidas, Selena agarró una bandeja de galletas Oreo, les removió el relleno de crema, lo sustituyó por pasta de dientes y volvió a servirlas para el consumo de todos. Abraham se le adelantó a los músicos y le dió un buen mordisco a una galleta... ella miró a su padre asustada, pero para su sorpresa Quintanilla no se dió cuenta de nada. Al contrario, mientras masticaba él aseguró: "Estas galletas están riquísimas... ¡tienen sabor a menta!". Selena casi se desploma de la risa. En otra ocasión, ella estaba cantando a dúo con otro artista y en broma se colocó la cáscara de una semilla de girasol en un diente, lo que la hacía parecer que estaba mellada. El público no alcanzó a notarlo, pero su compañero de canción, que la tenía de cerca, perdió la concentración por completo. Suzette recuerda que después todos se rieron a carcajadas. Esas payaserías de Selena hicieron más amena esa época de sacrificios. Otros músicos que se fueron integrando a Los Dinos contaron que cuando estaban de gira, ella se paseaba por los pasillos del autobús micrófono en mano... y se ponía a cantar ópera en son de burla. Durante un juego de pelota para recaudar fondos benéficos, el equipo de Los Dinos le ganó a un equipo de locutores de radio. La victoria les permitía a los ganadores bombardear con pasteles a los perdedores... y adivinen ¿quién fue la que más pasteles lanzó? Sí, fue Selena. Esa alegría innata contagiaba a sus fanáticos en cada una de sus presentaciones.

Pero si en 1983 las presentaciones televisivas y su primer disco fueron el empujón inicial, el obtener el Tejano Music Award de 1987 a la Mejor Cantante Tejana del Año fue el inicio de una nueva y exitosa etapa. ¡Selena se ganaría ese mismo galardón durante ocho años consecutivos! Aún así, ese primer premio sería inolvidable para ella. Las personas que la aplaudieron esa noche cuando recibió el trofeo, nunca soñaron que eventualmente esa jovencita de apenas dieciséis años, pondría a la musica Tex-Mex en el mapa mundial, y mucho menos que regresarían nueve años después, en el 1996, a rendirle un homenaje póstumo sin precedente, en otra ceremonia de los Tejano Music Awards, en San Antonio, Texas.

Dos años después de recibir ese primer premio, a Selena le llegó una gran oportunidad, producto de la casualidad. En 1989, José Behar, presidente de la compañía disquera EMI Latin, se encontraba en San Antonio, Texas, en un viaje de negocios. Selena también estaba en esa ciudad, presentándose en un club nocturno. Behar pasaba por el lugar cuando vió cómo una multitud rodeaba a Selena luego del recital. El entusiasmo de los admiradores le llamó la atención. Cuando pudo llegar hasta ella, se presentó como el presidente de EMI Latin. Selena se le rió en la cara, y sin creerle, le dijo en tono de burla: "Sí, claro". José Behar tuvo que sacar una tarjeta y presentarse más claramente a la futura reina del Tex-Mex. Al instante, Abraham Quintanilla estaba acordando con Behar un desayuno para la mañana siguiente.

Al otro día, la compañía de Abraham, Q Productions, y José Behar acordaron la firma de un contrato para producir CDs en español. Cinco exitosos álbumes saldrían al mercado, producto de esa asociación. Las ventas serían excelentes, alcanzando un total de cuatro millones de dólares en cinco años.

Fue también en 1989 cuando el hermano de Selena, A.B., escuchó por primera vez la música de Chris Pérez, un joven guitarrista de pelo largo, que tocaba con un grupo de San Antonio. A.B. quedó tan impresionado con su talento que de inmediato le hizo un acercamiento para que se uniera a Los Dinos. Chris dejó la banda y aceptó la oferta, sin imaginar que sería la decisión más trascendental de su vida.

Selena se quedó intrigada cuando conoció a Chris. Él es muy reservado, pero su forma de ser es tan dulce, que la cantante debió haber sabido instintivamente que el guitarrista era capaz de sentimientos muy profundos. Además, a ella le pareció que la cola de caballo que Chris usaba para recojerse la melena lo hacía verse interesante. Pero su curiosidad no fue más allá de eso.

Pasaron dos años antes de que Selena se diera cuenta de que su interés inicial por el guitarrista no había sucumbido, sino que por el contrario, había echado raíces a un nivel subconsciente. Muchas cosas los unían. Ambos habían trabajado duro, junto a los demás integrantes de Los Dinos, en busca del éxito y la fama. Se habían hecho buenos amigos, compartiendo durante los ensayos, presentaciones y giras del grupo. Además, el aislamiento al que Selena estaba sometida por dedicarse de lleno a su profesión, no le permitía conocer muchachos fuera de su grupo inmediato. ¿Dónde más podía surgir un romance? Tal vez por eso, fue inevitable que ella se fijara en él. Selena empezó a verlo más como hombre, que como compañero de banda y se lo comentó a su hermano. A.B. se sintió feliz de que su hermana menor se sintiera atraída a uno de sus mejores amigos, y se lanzó al rol de celestino. A.B. le dijo a Chris que su hermana estaba interesada en él y le preguntó, con toda la picardía del mundo, qué pensaba sobre Selena. El guitarrista no se lo esperaba. Él consideraba a Selena una buena amiga. Admiraba la personalidad efervescente de Selena y llegó a comparar su temperamento apasionado con el de un vólcan. Pero nunca se había atrevido a fijarse en la cantante como mujer. Hasta ahora.

Después de la conversación con A.B., él tambien comenzó a ver a Selena con otros ojos, pero no tuvo el valor de acercarse a ella románticamente. Chris tenía miedo de expresar sus emociones y sufrir una desilusión amorosa. No quería arriesgarse a una relación romántica que, de no funcionar, tenía el potencial de afectar la relación profesional entre ambos.

Selena no estuvo dispuesta a darse por vencida; a ella le encantaban los retos. Además detectó que la timidez de Chris escudaba una creciente emoción hacia ella. Lo leyó en su mirada. Fue entonces, cuando la cantante decidió que había llegado el momento de la verdad. Una tarde cuando ambos estaban comiendo en una pizzería, el vólcan entró en erupción. Selena le expresó a Chris todo lo que sentía por él y le pidió que le permitiera conocerlo más a fondo. Chris se quedó como un témpano de hielo, aunque por dentro se estaba derritiendo. No dijo absolutamente nada. Finalmente, a la salida del lugar, el guitarrista se armó de coraje y se le declaró a Selena. Era la primera vez que le abría su corazón a una mujer y lo hizo, aún cuando todavia no sabía que Selena tenía un gran corazón.

Fue con el tiempo que Chris descubrió las hermosas cualidades de su novia. Una vez, la cantante estaba almorzando con su madre y notó a una anciana que comía a solas en una mesa apartada. Selena sintió lástima por la pobre mujer y sin decírselo a nadie le pagó la cuenta. En otra ocasión, ella conducía su auto deportivo cuando, sin querer, arrolló a un conejito. Selena lo agarró de inmediato y lo llevó a un veterinario. Salvar al animalito costaba trescientos dólares, pero ella pagó la cantidad gustosa, pues amaba a los animales.

Para mediados de 1991 la relación entre Selena y Chris iba viento en popa. Al principio muchos no entendieron cómo dos personas tan distintas a simple vista, se enamoraron. Selena era todo un mujerón, extrovertida y con la risa de un cascabel. Chris tenía apariencia de niño y era de pocas palabras, de sonrisa discreta. Pero con el tiempo todos comprendieron que entre esos dos polos opuestos había una gran atracción y un profundo cariño.

Abraham Quintanilla se opuso al romance. Él creía que el noviazgo, así como el casamiento, perjudicarían la carrera de su hija, restándole tiempo y esfuerzos en un momento clave, tanto artística como económicamente. Además, él había sido muy estricto con ella desde pequeña y probablemente le costaba aceptar que su Selena ya no era una niña. Seguro lo pensó mejor. Al fin y al cabo, tarde o temprano Selena iba a tener un compañero. Chris, al menos, era un músico de Los Dinos, por tanto, la distracción de las actividades habituales no sería mucha. Así, como siempre y haciendo honor a su testarudez, Selena se salió con la suya y se casó con Chris el 2 de abril de 1992. Los recién casados se mudaron a una casa al lado de los Quintanilla, en el modesto barrio de Molina de Corpus.

Quizá 1993 fue el año más importante en la carrera de Selena. La artista grabó un álbum en vivo, *Selena Live*, que fue un éxito absoluto y obtuvo dos discos de platino. Pero lo más trascendente fue que *Selena Live* resultó nominado para el Grammy en la categoría de Mejor Disco México-Americano. Selena no esperaba ganar, pero estaba muy entusiasmada con la fiesta y se sentía honrada por la nominación. ¡Con solo veintidós años iba a competir en el certamen musical más importante del mundo! Además, iba a conocer a las leyendas del mundo musical y podría retratarse junto a sus estrellas favoritas. Selena fue a Nueva York para la entrega de los Grammy con su máquina fotográfica. Irónicamente, no le dejaron entrar la cámara, pero para su sorpresa salió con el premio que no esperaba en mano. Nosotros en *Primer Impacto* transmitimos las imágenes de la cantante saliendo con su trofeo por la puerta grande. Todos nos alegramos por ella.

El Grammy confirmó de forma irrefutable hacia dónde se dirigía su destino. La sucesión de éxitos a nivel local y nacional prepararon el camino para explorar nuevas oportunidades. José Behar tuvo la idea de cruzar dos mercados discográficos para lanzar a diferentes artistas que triunfaban en un sector pero que aún no habían logrado penetrar en otro. Ese era el caso de Selena y los Barrio Boyzz. Mientras los Barrio Boyzz se habían impuesto en el mercado hispano de la costa este, sin lograr entrar en la zona suroeste del país, Selena se imponía en esta región. Pero la reina del Tex-Mex no era conocida en el territorio de los Barrio Boyzz. Behar decidió juntarlos, haciendo que grabaran el video musical en Nueva York de la canción "Dondequiera que Estés". La idea fue genial y cumplió su cometido.

Junto con esta estrategia de abrir camino hacia otros mercados, Selena y EMI lanzaron a la venta su último CD, *Amor Prohibido,* según los especialistas el mejor trabajo de la cantante. El álbum logró el lugar número uno en la lista anual de los cincuenta éxitos latinos más populares de la revista Billboard, la publicación más importante y leída de la industria musical. Además, la canción tema fue escogida como la Canción Latina Más Caliente, durante dos meses. La revista también determinó que Selena era la cantante más importante dentro de su género. El tema central del CD, cuyo nombre da título al disco, fue escrito por pedido de la propia Selena, cosa que era habitual. A la artista se le ocurría una idea y se la contaba a su hermano A.B. para que escribiera una canción. En ese campo, A.B. era el verdadero talento de la familia y una vez tenía listo el arreglo musical, sólo había que añadirle la prodigiosa voz de Selena. Eran tremendo equipo, y con ese sistema lograron los éxitos más conocidos. La canción "Amor Prohibido" relata una historia verdadera, de los abuelos de Selena, que a pesar de las diferencias de clase, se enamoraron y se casaron, enfrentándose a la sociedad y a sus familias. Otros ejemplos de este tipo en las composiciones son la canción "Como una Flor" escrita a base de una idea de Selena, inspirada en las flores que adornan los salones de baile, que siempre llevan una luz dentro. Más divertidas son "La Carcacha", que recuerda una cita amorosa de A.B que terminó mal cuando él se dió cuenta de que la chica que había invitado aceptó sólo porque quería pasear en su auto deportivo. "Bidi Bidi Bom Bom", uno de los grandes éxitos que llegó a gustar especialmente a los niños, nació de una improvisación durante un descanso en los ensayos del conjunto. La canción habla sobre el amor imposible de una niña hacia un joven mayor que ella, y el título corresponde al sonido de las palpitaciones del corazón de la pequeña cuando ve pasar al muchacho del que está enamorada.

En 1994, Selena se sentía realizada dentro del mundo de la música. Los premios la respaldaban como una gran artista, le llovían las ofertas para cantar, había puesto un primer pie en Hollywood con su participación en la película *Don Juan De-Marco*, tenía contratos de publicidad con grandes compañías como Coca-Cola y sus discos figuraban en los primeros puestos. No sólo eso, Selena estaba a punto de lanzar un disco en inglés para darse a conocer en el mercado anglosajón, algo que sería un paso definitivo en su carrera.

Tal vez por todo eso, la cantante decidió hacer realidad su sueño más íntimo: entrar en el mundo de la moda. Ella siempre deseó convertirse en una diseñadora famosa, esa era su pasión secreta. Para ello fundó una compañía a la que llamó Selena Etc. y abrió dos boutiques de ropa con salón de belleza en San Antonio y Corpus Christi.

En un principio los compromisos musicales de la cantante eran tantos, que Selena contrató a un joven diseñador hispano de nombre Martín Gómez para que se encargara de las labores del taller de costura. Pero su plan a largo plazo era diseñar ella misma una línea de ropa y venderla en masa. Con las boutiques Selena dió un primer paso en esa dirección. Más tarde ella diría: "La música es mi carrera y la moda mi vida". Lo curioso es que no fue sino hasta después de su muerte que la familia de Selena comprendió cuán importante era para ella ese aspecto de su vida. Hasta entonces ellos consideraban que el diseño era más bien un capricho de Selena, un pasatiempo para entretenerse. Por algo Suzette recuerda cómo todos ellos molestaban en broma a la cantante diciéndole que ella había establecido las boutiques con salón de belleza, para darse tratamientos de reina.

Hacia 1995 el imperio económico de los Quintanilla abarcaba las más diversas áreas. Al igual que Selena había abierto su propia empresa de ropa, sus hermanos y su padre también tenían negocios por su cuenta. Los Quintanilla se vieron desbordados en su capacidad administrativa, pues tenían demasiados proyectos a la vez. Por suerte, a estas alturas contaban con un fan club que se encargaba de atender las necesidades de un público que crecía más y más. Imagínense que en su última presentación en el Astrodome de Houston, el concierto de Selena rompió el record de asistencia para ese estadio, 61.000 personas fueron a escucharla.

Lo del fan club surgió a mediados de 1991. Quintanilla dice que recibió cerca de quince mensajes de la misma persona en su contestador telefónico. Dada la insistencia, decidió responder. El motivo de tantas llamadas era el de proponer al señor Quintanilla la creación de un fan club de Selena con el objeto de promover aún más a la artista y hacer obras sociales de ayuda a los desvalidos con las ganancias. Abraham Quintanilla pensó un poco en la idea y le pareció buena. Hacía tiempo que la empresa familiar necesitaba ayuda de afuera para canalizar las necesidades de los admiradores de su hija. Si otra persona se encargaba de organizar el proyecto y comenzar el club, ello no le restaría tiempo ni esfuerzo al tan ocupado clan familiar. La misteriosa mujer que lo llamó sería su primera presidenta.

A Abraham le llamó la atención su nombre. Se llamaba Yolanda, igual que una hermana suya. Era Yolanda Saldívar.

4

Yolanda Saldívar

Siempre fue la bebita de la familia. Yolanda, a quien muchos consideran ahora un monstruo, fue desde pequeña la consentida entre los suyos. Su padre, Francisco Saldívar, es uno de los miles de méxico-americanos, herederos de una larga tradición cultural, que ha unido los dos lados de la frontera durante siglos. Él y su esposa, Juana, tuvieron ocho hijos. Han trabajado muy duro desde siempre: Frank ha sido mesero del mismo restaurante mexicano por más de cuarenta años y Juana se ha dedicado a la casa, a cuidar a los niños y a hacer comidas para vender.

La familia Saldívar siempre fue y sigue siendo muy unida. La conocí en su momento más difícil, cuando el mundo entero repudiaba a su hija menor. Sin embargo, nunca los vi amargados, ni resentidos, ni vengativos, sino más bien tristes. Pero para

Yolanda siempre tuvieron una sonrisa, aún cuando el dolor se los estaba comiendo por dentro.

La opinión que tengo del matrimonio Saldívar no puede ser mejor. Es una pareja luchadora, honesta y decente. Ambos son católicos y muy devotos. Me consta que hicieron todo lo que tuvieron a su alcance para echar a su familia adelante y para que sus hijos tuviesen la mejor educación posible y buenos valores. A ellos les dolió mucho que desde un principio todos juzgaran a Yolanda. Nunca han considerado a su hija una manzana podrida, sino por el contrario, creen en ella y la apoyan. La ven como una víctima de las circumstancias, una víctima de lo que ellos catalogan como "la maldad" de Abraham Quintanilla.

Yolanda nació el 19 de septiembre de 1960, en San Antonio, Texas. Su familia era muy pobre y vivió en varias casas alquiladas, unas mejores que otras, según aumentaban o disminuían las propinas de Frank. Los constantes cambios obligaron a Yolanda a estudiar en tres escuelas primarias distintas. Por eso, de pequeña, sus mejores amigos fueron sus hermanos.

Yolanda nunca fue muy popular en la escuela secundaria, pero tuvo un novio con el que salió durante casi tres años. Pasó sus exámenes con buenas calificaciones y siempre demostró aplicación y tenacidad. Desde 1979, cuando se graduó de la McCollom High School, ella dedicó la mayoria de su tiempo a sus estudios universitarios. Además, pronto tuvo que enfrentar una gran responsabilidad, pues tuvo que hacerse cargo de los tres hijos de su hermano, que habían quedado bajo la custodia del padre por órdenes de una corte. Sus sobrinos la adoraban y ella los adoraba a ellos, en especial a la niña, que era su ahijada.

Para pagar su educación y ayudar a sus padres económicamente, Yolanda trabajó un tiempo como asistente de enfermería en un hospital de San Antonio.

Finalmente, obtuvo su título de enfermera en 1990. Se graduó con honores de la University of Texas Health Science Center en San Antonio. Tardó diez años en terminar su educación, pues trabajar, estudiar y criar a tres muchachos no resultó una tarea fácil. Fue la única de todos los hermanos en terminar la universidad. Por eso, su diploma y sus medallas adornan la entrada de la casa de sus padres. Sus logros son motivo de orgullo para toda la familia.

Convertida en una profesional, Yolanda tuvo varios empleos y siempre trabajó de sol a sol.

En el Saint Luke's Hospital la recuerdan con cariño, escuchando un pequeño radio portátil y al mismo tiempo tarareando una canción. En un momento dado, llegó a tener dos empleos a la vez. Uno en un centro médico, en donde ella estaba a cargo de cuidar a los enfermos terminales de cáncer, y otro en el San Antonio Chest Hospital, donde cubría el turno de cinco a once de la noche atendiendo a pacientes con deficiencias respiratorias, tuberculosis y cáncer pulmonar. Una compañera que trabajó con ella en la sala de emergencia, destacó su entrega a la profesión y su seriedad. Así se supo ganar el aprecio y el respeto de sus compañeros de trabajo. Tal vez por eso ellos hicieron una colecta para regalarle toda la ropa que lució en la corte, durante el juicio en su contra. Para ese entonces, Yolanda había perdido tanto peso que nada de lo que tenía le servía y sus antiguos colegas quisieron sorprenderla con un ajuar nuevo.

Siempre dedicada por entero a su familia y su profesión, Yolanda salió ocasionalmente con otro joven, pero nada serio, ni duradero. Ella se volvió en una persona solitaria, de pocas, pero buenas, amigas. Sin embargo, había algo más que llenaría su vida y le haría vivir una fantasía.

No es extraño que las personas reflejen sus frustraciones o sus esperanzas en la adoración a algo o alguien. La vida que se desea y que no se puede vivir se realiza a través de la devoción al éxito ajeno. Es muy probable que éste sea el caso de Yolanda Saldívar. En la soledad de su vida, la fantasía del espectáculo y de la cultura tejana provocaron en ella la admiración a varios artistas, que a su vez eran ejemplos que deseaba imitar de alguna forma.

Así funciona la mente del fanático y ése es su sello característico. La diferencia entre la admiración y el fanatismo es muy clara. El que aprecia una expresión artística, valora su contenido a base de parámetros estéticos y considera al artista como una persona que desarrolla su habilidad con mayor o menor calidad. Para el fanático, en cambio, el artista de sus amores *es* la encarnación de todos los atributos y las metas que él es incapaz de realizar en su propia vida. El fanático se despersonaliza y se autorealiza a través de los éxitos del artista objeto de su obsesión. Hay una necesidad de admirar a otro, para autoengañarse sobre lo mediocre que es su propia vida.

Quizá por todo lo anterior, Yolanda decidió admirar a alguien, buscando realizarse de manera total a través de Selena.

Al principio, a Yolanda no le gustaba la música tejana. Su favorita era la música *country*, hasta que su sobrina la invitó a un concierto en San Antonio a mediados de 1991. Fue ahí cuando vió por primera vez a Selena, y quedó impactada. "Cuando la vi, ella iluminaba el escenario", me dijo más tarde, mientras sus ojos le brillaban como si la estuviese viendo en ese momento.

Fue tan grande la impresión que, al final del espectáculo, buscó afanosamente algún puesto de ventas de souvenirs de la cantante, para llevarse algo de recuerdo. Para su asombro, no había a la venta ningún producto que la promocionara. Así nació la idea de crear un fan club.

Poco después, Yolanda llamó al padre de Selena tres veces y no quince como él asegura. A la tercera llamada, Quintanilla accedió a concertar una cita entre ambos. Cualquiera que sea la versión correcta, lo cierto es que finalmente se reunieron para hablar sobre el tema, en el Club Reflex de San Antonio. Yolanda le explicó a Abraham sus intenciones, a él le pareció buena la idea y llegaron a un acuerdo. Suzette Quintanilla sería la persona contacto entre la familia y Yolanda. Por eso, Yolanda no conocería personalmente a Selena sino hasta seis meses después de la fundación del club, en diciembre de 1991.

Organizar el club fue una tarea relativamente simple. En poco más de tres años unas 8,000 personas se hicieron socios. A cambio de una cuota de veintidós dólares, recibían productos publicitarios exclusivos de Selena. El objetivo del club era recolectar dinero para luego donarlo a obras de beneficencia. De esa manera, el nombre de Selena se asociaba a la caridad.

Junto con el trabajo en el fan club, Yolanda seguía trabajando como enfermera, ayudando a sus padres y viviendo en la modesta casa familiar a cuarenta y cinco minutos de San Antonio. Los Saldívar viven en ese apartado lugar desde 1981, cuando Frank Saldívar invirtió el producto de toda una vida de ahorros, para comprar seis acres de terreno, por un valor de 20,000 dólares. Aunque la tragedia los golpeó en 1992, cuando su hogar se incendió y lo perdieron todo, el hecho no quebró su determinación de seguir adelante. Frank trabajó aún más duro en el restaurante, mientras Juanita y sus hijas se dedicaron a confeccionar adornos para la venta, desde arreglos florales hasta coronas fúnebres. Poco a poco, como siempre lo hicieron todo en sus vidas, fueron comprando muebles de segunda mano en el mercado de cosas usadas. Ellos mismos arreglaron cada pieza, y también reconstruyeron una a una las paredes de su casa.

Ese momento trágico no afectó la relación de Yolanda con Selena o con los Quintanilla. Ella pudo haberles pedido ayuda, pero no lo hizo. Yolanda y los suyos iban a salir adelante solos, como siempre. Tal vez consideró impropio pedir una mano a alguien que recién conocía, aunque la amistad entre ella y Selena iba creciendo cada día.

Sin duda, el aprecio entre Selena y Yolanda era mutuo. Selena, al decir de varios allegados, se sentía muy sola desde hacía mucho tiempo. Yolanda, otra solitaria, pero más madura que Selena, se convirtió en su confidente y consejera. Juntas se iban de compras y también pasaban horas hablando mientras se hacían una manicura y se arreglaban las uñas de los pies.

Además, Yolanda fue la ayudante más eficaz que Selena pudo encontrar. Todo lo que se le antojara, sin importar qué, Yolanda se lo conseguía. Hubo quien me dijo que "si Selena le decía *salta*, ella saltaba tres veces". Por eso, eventualmente renunció a su carrera de enfermería para dedicarse de lleno a las empresas de la cantante, aún cuando inicialmente ganaría menos dinero.

La admiradora número uno de Selena recibió de la cantante muestras de afecto a las que no estaba acostumbrada. Selena le mandaba tarjetas expresándole cuánto significaba para ella tenerla como amiga. Cuando se enteró que Yolanda tenía una colección de figuras de vacas, la colmó de chucherías alegóricas a ese tema. Selena se identificaba con su amiga en ese sentido, pues ella sentía una pasión similar por los huevos, que coleccionaba desde pequeña por haber nacido el día de Pascua. Lo único que la cantante no tenía en su colección era un anillo en forma de huevo. Quizás por eso, en diciembre de 1994 Yolanda le entregó a Selena una espectacular sortija, valorada en poco más de 3.000 dólares. La prenda, que fue diseñada exclusivamente para la cantante, tiene una imitación de un huevo Fabergé en oro blanco con cincuenta y dos brillantes incrustados que pesaban casi dos quilates. A cada lado tenía grabada una letra "S". A Selena le encantó tanto el anillo, que se lo ajustó para que le sirviera en el dedo índice. Así, cuando tomaba el micrófono para cantar, todos podrían admirarlo.

A ciencia cierta, se sabe que Yolanda pagó un depósito para la alhaja con una tarjeta de crédito de Selena Etc. Quince días después, liquidó el balance con otra tarjeta también a nombre de la empresa. Saldívar le dijo al joyero que el anillo era un regalo de los empleados de la boutique y eso era también lo que decía la cantante, cuando se le preguntaba por la prenda. Pero, Martín Gómez, el diseñador de la línea de ropa de Selena, dijo que jamás hubo una colecta a esos efectos.

Entonces, ¿por qué Selena lo presentaba como un regalo de sus empleados? Supongamos que Yolanda le hubiese mentido. ¿Cómo Selena pudo aceptar un regalo tan costoso sin dar las gracias a sus trabajadores? Lo lógico es que la cantante hubiera agradecido públicamente un gesto tan espléndido, en cuyo caso se hubiese descubierto el engaño.

Más tarde, cuando Yolanda Saldívar habló conmigo, dejó entrever que esta prenda no había sido un regalo personal de ella, ni de los empleados, sino que formaba parte de una historia secreta. Yolanda acepta que pagó la alhaja tal cual figura en los recibos de compra que fueron presentados en la corte durante su juicio. Sin embargo, ella insinuó que no había sido ella, sino una tercera persona, la que después se había encargado de pagar la cuenta de la tarjeta de crédito.

Como verán más adelante, otro personaje clave en toda esta complicada trama confirmó que Yolanda fue enviada a comprar la sortija para despistar y me reveló el nombre del supuesto verdadero comprador. Ese anillo adquirió aún mayor dramatismo cuando cayó del puño ensangrentado de la cantante, en la ambulancia camino al hospital, cuando ella agonizaba.

Cuando comencé a investigar para la cobertura de *Primer Impacto,* le pedí a un amigo detective que investigara el pasado de Yolanda, a ver qué encontraba. El resultado asombró a muchos: Yolanda Saldívar era una "ciudadana ejemplar" al decir del investigador. Las únicas faltas registradas eran multas por estacionarse mal... "No tiene una sola mancha", me dijo.

En la familia Quintanilla las versiones son diversas cuando se analiza el rol de Saldívar. Los hermanos y la madre de Selena dicen que nunca sospecharon nada, ni notaron nada extraño en la conducta de la presidenta del fan club. Sin embargo, Abraham Quintanilla ha ofrecido versiones contradictorias. En un programa de Univision, sostuvo que desde siempre había desconfiado de Yolanda. Si fue así, ¿por qué accedió a que formara el fan club? Más adelante, en declaraciones realizadas a la Cadena ECO de México, Abraham Quintanilla dijo que cuando estaban buscando una administradora para la boutique de Selena, fue él quien recomendó a Yolanda para el puesto. ¿Cómo se explica, entonces, que hubiera recomendado a una persona que no era de su confianza para un puesto tan importante? Tampoco parece evidente que los Quintanilla hayan analizado los antecedentes de Yolanda Saldívar. Al parecer, Yolanda fue acusada de malversar 9.200 dólares del consultorio del Dr. Faustino Gómez, donde trabajó en los primeros años de la década del ochenta, pero nunca fue llevada a juicio, pues se llegó a un arreglo fuera de corte. Seguramente por eso, este episodio no aparece en el archivo personal de Yolanda que analizó mi amigo, el detective.

Confiaran o no en ella, lo cierto es que los Quintanilla permitieron que Yolanda se acercara a la familia. Sé que aún guardan videos caseros en los que se ve a Yolanda compartiendo con ellos como un miembro más del clan. Ella fue inclusive dama de la corte en la boda de Suzette, y aparece en el álbum de fotos del casamiento. ¿Cuándo empezó a cambiar la actitud de la familia y por qué? Durante meses y meses, pude reconstruir el desarrollo de los sucesos, que yo pienso, desencadenaron la tragedia.

Todo comenzó en 1994, cuando se inauguraron las boutiques Selena Etc., primero en Corpus Christi y luego en San Antonio. Como dije antes, fue Abraham Quintanilla quien recomendó a Yolanda para administrar el negocio de las tiendas. Pero él jamás imaginó al grado que cambiaría la actitud de su hija y de la presidenta del fan club, a raíz de ese nombramiento.

Como administradora, Saldívar parecía competente. Sin embargo, hay diversas denuncias de malos tratos hacia algunos empleados. Hablé con una persona que trabajó un tiempo en las boutiques, que asegura que Yolanda era muy posesiva y buscaba cualquier pretexto para alejar a Selena de los demás. Ella piensa que Yolanda quería aislar a la cantante de sus empleados para ejercer un mayor control. Pero Yolanda argumenta que ella siempre quiso servirle de escudo a Selena, para que la cantante no tuviese que preocuparse de las tonterías que surgían de día a día en el manejo de la operación.

Una prima de la cantante que también fue empleada de Selena Etc. recuerda un incidente durante el cual ella le señaló a Yolanda que faltaban recibos de algunos artículos que se habían vendido en la boutique. Yolanda, secamente, le contestó: "Eso no es asunto tuyo". Puede ser que Yolanda tuviera algo que ocultar, pero también es probable que se viera abrumada por una tarea administrativa para la cual, tal vez, no estaba preparada, y escondiera su incapacidad con autoritarismo para con los otros. O quizás tenía todo bajo control y cumpliendo con su papel de gerente, estaba poniendo a raya a los empleados.

Otro que criticó duramente a Yolanda fue el diseñador, Martín Gómez. Él no la soportaba y el sentimiento era mutuo. Hacía rato que entre los dos había una guerra abierta. Gómez acusaba a Yolanda de distorsionar el trabajo del taller de confecciones con entrometimientos y métodos maquiavélicos. Según él, Yolanda tenía establecido un régimen de terror, y en un momento dado llegó a amenazar a las costureras con un despido si no se ponían de su lado y decidían tomar el bando de Martín. Ambos competían por congraciarse con Selena y por eso cada uno le daba quejas del otro. La tirantez entre ellos dos llegó a tal extremo que Yolanda comenzó a grabar sus conversaciones con Martín, sin que él lo supiera. Ella quería convencer a su jefa de que el diseñador no estaba velando por los intereses de las boutiques. Es difícil saber con certeza si Yolanda realmente quería deshacerse de Martín para proteger a su amiga o sí lo suyo era simplemente una estrategia para sacárselo del camino porque no le caía bien. De todas formas, las acciones de Yolanda dejaban mucho que desear: grabar a Martín sin su conocimiento era jugar sucio.

Yolanda terminó ganando. Selena decidió que ella misma iba a comenzar a crear sus diseños, lo que eventualmente relegaría a Martín a un segundo plano y, poco a poco, fue encargándole más responsabilidades a su amiga. Yolanda tenía la llave de su casa, varias tarjetas de crédito de la empresa a su nombre, firmaba cheques corporativos, administraba el negocio y a menudo acompañaba a la cantante en sus viajes. Según Yolanda me dijo más adelante, Selena una vez le aseguró: "Cuando triunfemos en México, el éxito va a ser de las dos".

Monterrey es la capital industrial de México y está localizada a tres horas en carro de la frontera con Estados Unidos, relativamente cerca de Corpus Christi. Como señalé antes, ambos lados de la frontera compartían un mismo fenómeno cultural, del cual Selena era una de las estrellas más importantes. No llama la atención, entonces, su deseo de abrir una empresa en Monterrey. Su sueño era vender su línea de ropa en masa y una maquiladora en México era el pilar fundamental para producir sus diseños. A esa altura de su vida y su carrera, necesitaba a alguien que le ayudara a construir ese proyecto personal, alguien que fuera de su entera confianza, que le fuese incondicional. Yolanda estaba más que dispuesta a cumplir ese papel.

Pero en la búsqueda de ese sueño, algo inesperado sucedió en septiembre de 1994, que cambió para siempre la relación entre Yolanda y Selena: la cantante conoció al Dr. Ricardo Martínez.

Selena había dado un concierto en Monterrey, en el que causó sensación. Esa noche, en una fiesta para celebrar el éxito, su tío Isaac le presentó al conocido cirujano plástico, que recientemente lo había operado. El Dr. Martínez, que estaba casado y tenía cincuenta y tantos años de edad, estaba acompañado de sus hijos. Selena fue con ellos tan simpática como siempre y hasta les dio su autógrafo. Simpatizaron desde el principio. A ella le encantó la forma tan correcta en que él hablaba el español, tal y como ella deseaba poder hacerlo. Además, le llamó la atención la elegancia del médico, su porte aristocrático y sobretodo la cola de caballo que usaba para recojer su pelo largo. Igualita a la de su esposo, Chris.

De ese momento en adelante, de acuerdo a varios allegados de la cantante y el doctor, entre Ricardo y Selena nació una relación muy especial. Ella comenzó a confiarle sus intimidades. Le contó incluso que su matrimonio no marchaba bien, pues sentía que su marido no la apoyaba en su meta de lanzar una línea de ropa. Ricardo llenó ese vacío. El tenía los contactos en México para ayudarla a montar la maquiladora, y evitar los procesos burocráticos típicos de ese país. Se convirtió en su asesor financiero.

También se convirtió en su médico. Cuando Selena quiso removerse el dispositivo anticonceptivo subcutáneo que tenía insertado en el brazo, acudió a Ricardo para que se lo sacara quirúrgicamente. En otra ocasión, Martínez también le hizo una liposucción a la cantante en la que le sacó varios litros de grasa. Yolanda se conformó con atender a su amiga y cuidarla en la etapa postoperativa, dándole masajes para evitar que le salieran burbujas de aire debajo de la piel. Como se imaginarán, a Yolanda no le agradó en lo absoluto que su amiga empezara a depender más de Martínez y menos de ella. Ella es muy perceptiva y de inmediato supo que estaba perdiendo control de la situación.

Selena comenzó a viajar a Monterrey con más frecuencia, a veces a escondidas. Según Sebastián Luis D'Silva, el entonces ayudante del Dr. Martínez que recogió a Selena varias veces en el aeropuerto, ella en ocasiones se ponía pelucas para que nadie la reconociera y hasta usaba el apellido Pérez para pasar desapercibida. En una de sus primeras visitas a Monterrey, Selena encontró su habitación llena de flores, un regalo de bienvenida de Ricardo. A Yolanda, que la había acompañado en el viaje, no le gustó el gesto. Ella le advirtió a la cantante que se cuidara porque el doctor tenía "otras intenciones".

No era un secreto que Abraham Quintanilla estaba totalmente en contra de que Selena siguiese adelante con sus planes de fabricar ropa en México. Quería evitar a toda costa que su carrera musical se viese relegada a un segundo plano, pues ése era el principal ingreso de toda la familia. Además, consideraba arriesgado que su hija abriera más negocios de los que ya tenía, sobre todo teniendo en cuenta que a las boutiques les iba muy mal. Selena se había visto obligada a reducir el número de empleados de Selena Etc. de treinta y ocho a catorce personas, por falta de recursos. Así mismo, varios cheques de las boutiques comenzaron a ser devueltos por el banco porque la cuenta de la compañía no contaba con suficientes fondos. Y según dijo el doctor Martínez cuando habló con *Primer Impacto* meses después en exclusiva, en un momento dado, tuvo que prestarle varios miles de dólares a Selena, porque ella estaba corta de dinero en efectivo. En fin, Quintanilla quería proteger a su hija. Pero la cantante, al igual que su padre, era testaruda y seguía empeñada en lograr su sueño. Selena estaba decidida a levantar vuelo, a buscar su propio camino, aún en contra de la voluntad paterna.

Tal vez en su mente y en su alma, Abraham creyó que su hija no deseaba comportarse de esa forma, sino que *alguien* la influenciaba negativamente. Para Quintanilla, ese alguien era Yolanda. La reacción instintiva de casi todos los padres frente a una situación como ésta, es negar y responsabilizar a terceros por la conducta de sus hijos. Por eso comenzó a vigilar de cerca a Saldívar, y luego a atacarla sin tregua.

Aunque el negocio de las boutiques iba cayendo en picada, la carrera musical de Selena, por el contrario, iba en ascenso. Pero jamás a la velocidad que tomó después de su muerte. De hecho, el 6 de febrero de 1995, dos meses antes de su muerte, vi a Selena personalmente por última vez. El Carnaval de la Calle 8 de Miami vistió sus mejores galas para recibirla. Y ella cantó como nunca. Aunque todavía no era tan conocida en la Florida, su música y su presencia sorprendieron al público. La recuerdo bien simpática, con una sonrisa de oreja a oreja, enseñando una dentadura tan blanca y perfecta que parecía un piano. ¡Pensar que la mujer que en cuestión de meses iba a batir todos los records de ventas en Estados Unidos, ese día actuó como artista secundaria!

En ese momento la artista número uno de la comunidad hispana era Thalía, pues su novela *Marimar* estaba arrasando. Cuando ella cantó en el Carnaval de la Calle 8 acaparó toda la atención, mientras que Selena fue ese día una presencia importante, pero no la principal. Sin embargo, eso no perturbó a la reina del Tex-Mex. Lo que la preocupaba era algo muy diferente. Selena estaba inquieta no por competir en el campo artístico, sino en el de la moda, pues Thalía también estaba en trámites de lanzar una línea de ropa. En ese aspecto, Selena quería ser la primera y, por eso, quiso apurar todos los preparativos para comenzar a operar la maquiladora en México. Luego, la ironía del destino hizo que en el mundo del espectáculo los papeles se invirtieran: meses después, Thalía terminó presentando el emotivo homenaje póstumo que Univision le rindió a Selena por televisión. ¡Las vueltas que da la vida!... O la muerte...

A fines del 1994 y principios del 1995, Yolanda viajaba frecuentemente a Monterrey para acelerar el proyecto de la fábrica de ropa. El plan se desarrollaba, poco a poco, a pesar de que Yolanda decía que el padre de la cantante la tenía amenazada, que la seguían autos sospechosos en sus viajes y que, supuestamente, las llantas de su auto aparecían desinfladas.

Mientras tanto, ya se estaban formando las nubes negras de la tormenta que eventualmente arrasaría con la vida de las dos mujeres. Abraham Quintanilla presionaba cada vez más a su hija para que se alejara de Yolanda y llegó incluso a decirle a Selena que su amiga era "una lesbiana". Fue en esos días cuando Armando Saldívar se peleó con su hermana Yolanda, por razones que él no quiso revelar.

En una entrevista exclusiva con *Primer Impacto,* meses después de esa pelea, Armando dijo sentirse culpable por algo terrible que había hecho a raíz de la discusión con su hermana. Ciego de ira, él supuestamente se inventó que Yolanda estaba robando dinero del fan club y fue a decírselo nada menos que a Martín Gómez. Encantado de tener municiones para combatir a la mujer que tanto despreciaba, el diseñador salió corriendo a contárselo a un tío de Selena, quien a su vez, se lo contó a su hermano, Abraham Quintanilla. Armando Saldívar dijo en *Primer Impacto* que se sentía atormentado por los remordimientos. Sus palabras sonaban sinceras, pero el argumento no me pareció lógico. Por más molesto que estuviese con su hermana, no tiene sentido que haya tramado una venganza tan dañina.

De todos modos, ese chisme fue la gota que colmó la copa de Quintanilla. Supuestamente él ya había detectado ciertas irregularidades en el club de admiradores. Abraham dice que algunos fans le estaban enviando cartas protestando porque habían enviado los cheques de veintidós dólares a cambio de unos souvenirs de Selena que nunca llegaron, cosa que era responsabilidad directa de Yolanda. Ahora, creyendo como cierta la información que le había llegado a través de Martín Gómez, Quintanilla tenía la excusa perfecta para confrontar a Yolanda.

El 9 de marzo del 1995, Quintanilla citó a Saldívar a una reunión en la que también estuvieron presentes Suzette y Selena. Ese evento marcó el principio del fin. El padre de Selena acorraló a Yolanda exigiéndole que aclarara las finanzas del fan club y el por qué los miembros del club no estaban recibiendo los paquetes con los souvenirs. Según Abraham, Yolanda trató de explicarle que los admiradores que se habían quejado seguramente mintieron porque querían recibir la mercancía gratuitamente. El argumento no convenció a Quintanilla. Después de escucharla, él amenazó con mandarla a la cárcel por ladrona. Al día siguiente, Yolanda se presentó por razones desconocidas a la compañía de Quintanilla, Q Productions, y el padre de la cantante hizo que la sacaran del edificio. A estas alturas, Selena estaba sufriendo por la controversia entre esas dos personas tan queridas y cercanas a ella. Sentía emociones ambivalentes. Por una parte, las acusaciones de su padre contra Yolanda le habían creado dudas. Por otra, Selena la veía como su mejor amiga y mano derecha, trabajando duro en el proyecto de Monterrey... ¿Cómo Yolanda iba a traicionarla, si a simple vista era obvio que estaba dando el todo por el todo para sacar adelante la fábrica de ropa?

El 13 de marzo, Saldívar consultó con un abogado y juntos redactaron una carta dirigida a Selena en la que Yolanda le anunciaba su renuncia a su puesto como empleada de Selena Etc. El texto expresa que su decisión se debía a los agravios que estaba sufriendo día a día por causa de miembros de la familia Quintanilla y solicitaba que le pagaran lo que se le debía.

¿Sería esa carta una treta? A lo mejor Yolanda quería manipular a la cantante, sabiendo que Selena tenía sentimientos encontrados, y pensaba que renunciando, su amiga se volcaría en contra de su padre por meterse en sus asuntos y le pediría que se quedara trabajando con ella. O tal vez, Yolanda estaba harta de que no apreciaran sus esfuerzos y de que Quintanilla la amenazara y verdaderamente quería largarse. Cualquiera que haya sido su motivación, lo cierto es que esa carta de renuncia fue encontrada en la cartera que Selena dejó en el motel Days Inn el día de su muerte.

El mismo día en que se redactó la renuncia, el 13 de marzo, Yolanda compró un revólver calibre .38. Más tarde, ella daría tres versiones diferentes de por qué compró el arma, incluyendo que la adquirió porque estaba recibiendo amenazas de muerte por parte de Quintanilla. Lo que resulta verdaderamente extraño, es que a los pocos días devolvió el arma, argumentando que su padre le había regalado otra. El 26 de marzo Yolanda regresó a la tienda para comprar el revólver que había devuelto.

Si aceptamos como válido su temor por las amenazas, ¿por qué esa indecisión en la compra del revólver? La actitud, ¿expresa dudas sobre la eficacia de tener un arma, o señala la existencia de cambios en aquéllos que la amenazaban o la protegían? Según Yolanda, el vaivén se debía a que Selena le suplicaba que se deshiciera del arma y supuestamente prometía protegerla de su padre. Cuando ésto sucedía, Yolanda devolvía el revólver.

Sea como sea, sí sabemos con certeza que ese revólver

de calibre .38 fue el arma que mató a Selena y que quien la disparó fue Yolanda Saldívar. El revólver costó 232 dólares. La bala que apagó a la estrella, apenas 25 centavos. La policía nunca encontró esa bala.

De acuerdo a Saldívar, durante las semanas previas al 31 de marzo, Selena la escondía de hotel en hotel, para evitar que Quintanilla supiera que seguían siendo amigas y que continuaban trabajando juntas en el proyecto de Monterrey. Cuando esas alegaciones salieron a relucir durante el juicio, llamé a los hoteles que Yolanda mencionó y pude comprobar que, en efecto, ella se hospedó en esos lugares en las fechas que dijo y fue vista ocasionalmente en compañía de la cantante. Pero parece que llegó un punto en que Selena no pudo más con la presión de su padre. La misma Yolanda admite que su amiga luego le pidió que se alejara por un tiempo para permitir que Quintanilla se calmara.

Fue poco después que Yolanda le dijo a Selena que supuestamente había sido violada durante su viaje a Monterrey. ¿Sería cierto? ¿O acaso era otro de los planes maquiavélicos de Yolanda, a los que hacía referencia Martín Gómez, para que su amiga sintiera lástima por ella y no la abandonara?

A estas alturas Yolanda estaba doblemente agobiada: por un lado estaba la guerra entre ella y Abraham. Por otro, se sentía desplazada, ya que a pesar de sus advertencias, Selena continuaba su relación con el Dr. Martínez y seguía dispuesta a poner en marcha su fábrica de ropa en México con o sin Yolanda. De hecho, tres allegados a la cantante me contaron por separado la misma historia: que Selena se quería divorciar de Chris, que así se lo había hecho saber a su marido y que deseaba mudarse a Monterrey.

La cantante ya tenía una casa vista para alquilar en la Colonia del Valle de esa ciudad, en la calle Río Guadalquivir #113.

Era de dos pisos y tres recámaras. Leticia Sinta, la coordinadora de ventas de la empresa de bienes raíces Century 21, le confirmó al periódico *El Norte* de Monterrey que el contacto inicial para el arrendamiento lo había hecho Yolanda, y que la reina del Tex-Mex estaba por cerrar el contrato: "Todo esto se llevó a cabo en febrero del 1995 y ya estabamos por concluir los trámites, al punto de que sólo faltaba firmar los papeles...". aseguró la vendedora.

Pero la cantante nunca llegaría a vivir allí. En su vida ya se había desatado una tormenta y se avecinaban vientos huracanados.

CAPÍTULO

5

Las audiencias de Corpus Christi

AGOSTO 1995

Dos meses antes de que comenzara el juicio contra Yolanda, volé a Corpus Christi para las audiencias preliminares. Llegué secretamente tres días antes de que empezara el proceso, porque había conseguido dos exclusivas impactantes: una entrevista con el doctor Vicente Juan —el médico que, supuestamente, atendió a Selena en su lecho de muerte— y otra con la familia Saldívar. Hice mi viaje clandestinamente para evitar que otros medios de comunicación se enteraran y trataran de conseguir las mismas entrevistas.

¿Pero quién me hubiese dicho? Acabando de poner las maletas en el cuarto del hotel encontré dos mensajes que me informaban que ambas entrevistas se habían cancelado. El doctor Vicente Juan estaba abierto y dispuesto a conversar, pero la relacionista pública del hospital le advirtió que antes de hablar había que pedirle permiso a la familia de la víctima. La respuesta de Quintanilla fue contundente: "De ninguna manera". Yo llamé personalmente a Abraham y me respondió gritando y a la defensiva: "Ustedes, los de la prensa, siempre hacen cualquier cosa por obtener mayor audiencia". Me quedé lívida, pero reaccioné rápidamente. "Primero que nada, no generalice", fue lo que le dije apenas comencé a hablar. Dialogamos por espacio de una hora y finalmente se tranquilizó, pero no permitió la entrevista con el médico.

El reportaje con los Saldívar tuvo una cancelación algo distinta. Arnold García, del equipo de la defensa, me llamó muy apenado para decirme que todo se había suspendido debido a que Yolanda no pudo dormir la noche anterior por temor a que su familia dijese algo que enfureciese a Quintanilla y que él tomara represalias contra ellos también. Me pareció desconsiderado que ella esperara hasta el último minuto para notificarme su arrepentimiento. Ya yo había adelantado mi viaje... ¿qué iba a hacer esos tres días en Corpus? Además, la cita con su familia había sido acordada hacía una semana y ella le había dicho a Arnold que había dado su consentimiento para que se llevara a cabo. Con el pasar del tiempo, yo descubriría que ella acostumbra a cambiar su forma de pensar al último minuto.

Arnold me invitó a cenar para hablar "sobre cosas importantes". No imaginaba qué tenía en mente, pero de todos modos accedí a encontrarme con él en un restaurante cerca del puerto. Me reconoció fácilmente porque me había visto por televisión. Yo a él nunca lo hubiese reconocido porque andaba en pantalones cortos. Me aseguró que los abogados de Corpus Christi son más casuales que los de Miami.

Esa noche fumamos como chimeneas. Entre plato y plato, cigarro y cigarro, me esforcé por sacarle todos los datos posibles. Sin embargo, él también tiraba para su lado. Deseaba colaborar conmigo, pero dando versiones y datos que ayudaran a su clienta. Al final, cuando me vio tan frustrada por la cancelación de la entrevista, me dijo con esa sabiduría que dan la experiencia y los años: "No te desesperes, que hay que dar del ala para comer de la pechuga". Comprendí que tenía que ser paciente. Arnold y yo nos caímos bien porque ambos hablabamos sin rodeos, con franqueza.

En Corpus la primera clave para la cobertura fue tener en cuenta siempre una palabra: respeto. Respeto al público, al que debíamos informar de todo sin ocultar nada; respeto por la familia de la víctima, por su sufrimiento; respeto por la familia de la acusada, gente humilde y trabajadora, que estaba pasando por su hora más amarga y respeto por la propia Yolanda, pues nadie es culpable hasta que se demuestre. Así me comprometí a actuar y así lo hice. Por tanto, en ningún momento, ni sutil ni explícitamente, tomé partido por ninguno de los posibles veredictos.

Estudiamos a fondo qué significaba el proceso que se iba a desarrollar en Corpus Christi, para explicarlo con claridad al público. Las audiencias preliminares se celebran en una corte, pues son parte del juicio y se llevan a cabo un tiempo antes de que se escoja el jurado. Durante esa etapa, el juez decide sobre las mociones presentadas por los abogados, y evita que se conviertan en un obstáculo que retrase el proceso. En las audiencias se decide qué evidencia se podrá presentar en el juicio y cuál no. En definitiva, su propósito es establecer los parámetros del juicio, dejar en claro las reglas del juego. Nosotros en *Primer Impacto* decidimos transmitir el programa en vivo, durante la duración de las audiencias, desde las afueras del edificio de la corte del condado de Nueces, en Corpus, para llevarle al público esa importante información.

El primer día de las audiencias vino una prueba de fuego. Cuando la familia Saldívar llegó a la corte del condado de Nueces, todos sus miembros estaban abrazándose entre sí, como protegiéndose. No era para menos. Los colegas de los otros medios literalmente los pusieron contra la pared mientras les apuntaban con sus cámaras y micrófonos. Parecía un pelotón de fusilamiento.

Yo vi todo desde lejos. Aunque tenía varias cámaras disponibles, decidí no sumarme con mi micrófono a ese hostigamiento. En ese momento no era vital. Además, la escena me pareció grotesca y cruel. Si bien mis compañeros periodistas simplemente hacían su trabajo, como yo lo he hecho otras veces, la situación no podía ser más incómoda. Los Saldívar, desamparados, sólo fueron ayudados por Jamie, una buena amiga de Yolanda, que arruinó todas las tomas poniendo un abanico de papel delante de los rostros de los filmados. Salvo por "la bruja del abanico", como la bautizó la prensa desde entonces, los Saldívar estaban solos y entendí que nadie tenía derecho a presionarlos de ninguna manera. Ellos esperaban que yo también los atacara, pero hice lo que menos esperaban. Así, desde lejos, esa mañana yo les sonreí, marcando una clara diferencia en mi actitud. Ellos me vieron, y respondieron a mi sonrisa moviendo la cabeza en un gesto afirmativo. Por cierto, Jamie también se ablandó después y resultó ser muy amable. Ese primer día estaba tensa, como todos.

De todas formas, era muy poco lo que la familia Saldívar podía decir. Los abogados de Yolanda le habían prohibido hablar más allá de lo que decía una hoja escrita expresamente. La habían redactado para asegurarse de que no iban a cometer errores, de que no hablarían de más, poniendo en peligro la causa. La nota decía que no podían dirigirse a la prensa para no afectar el proceso contra Yolanda, que por favor no les hicieran preguntas.

En los días siguientes noté claramente un cambio. Los Saldívar empezaron a saludarme con la mano. Yo respondía, pero cuidaba no acercarme de ninguna forma. No quería que se sintieran presionados por mí en lo más mínimo. Hasta que una mañana sucedió algo imprevisto. Saliendo del baño, durante uno de los intermedios de la sesión, me topé con María Elida y su mamá, Juanita Saldívar. Mientras María Elida me agradeció mi actitud de respeto, Juanita me echaba bendiciones y me agradeció, también, el haber presentado en mis reportajes las cosas de manera equilibrada. Luego, María Elida me hizo una revelación que me dejó impactada. "Yolanda me preguntó por ti", dijo con una sonrisa pícara. Evidentemente me estaba ganando la confianza de todos.

Al poco rato, el destino quiso que sucediera algo singular en la corte. Todos los asientos se encontraban ocupados, inclusive los asignados a la prensa. Me di cuenta que en mi silla en la primera fila había alguien. ¡Nada menos que Abraham Quintanilla! Como la parte asignada a las familias estaba ocupada principalmente por los Saldívar, el padre de Selena se negó a sentarse junto con la familia de la acusada, de manera que ocupó el único asiento vacío en la sección de prensa, que casualmente era el mío. Cuando llegué, le pedí con educación mi lugar, a lo que Quintanilla accedió amablemente. Ante esta situación embarazosa, él le preguntó en voz baja a un agente de seguridad dónde podía sentarse. Su peor temor se hizo realidad. El oficial le señaló la fila asignada para la familia de la víctima, justo frente al clan Saldívar. Fue entonces cuando escuché algo que estoy segura nadie más oyó. El padre de Selena dijo entredientes, pero determinado: "¡Yo no me siento con esa gente!". Como no había otra opción, tuvo que abandonar la sala.

Los Saldívar estaban a una distancia considerable y no lograron escuchar nada del intercambio. Sólo alcanzaron a ver la escena y cómo Quintanilla debió retirarse por mi culpa. Ellos seguramente interpretaron el incidente como que yo estaba "de su lado". Pero en realidad mi intención no tuvo ningún otro motivo, sólo quería hacer mi trabajo bien desde el mejor asiento de la corte que, por suerte, era el mío.

Esa tarde estuvo llena de sorpresas. En el pasillo de la corte conocí personalmente a Douglas Tinker, el abogado de Yolanda. Fue una presentación breve y cordial. Tal vez no se acordaba, o no quería acordarse, que hacía pocos días me había colgado el teléfono. De él me llamaron la atención dos cosas. Primero la imponencia de su tamaño; segundo que sus hombros estaban adornados por caspa del tamaño de copos de nieve.

Mientras sucedían estos hechos entre bastidores, en la sala del juez Westergren se desarrollaban las vistas preliminares. Como la fiscalía aseguraba que Yolanda había matado a Selena tras ser confrontada por supuestamente robar, lo primero que hizo la defensa fue tratar de desacreditar el "motivo". Pero para eso Tinker necesitaba los archivos financieros del fan club de la cantante y por eso radicó una moción exigiéndolos. El abogado defensor llamó a testificar a la joven que sustituyó a Yolanda como presidenta del club. Irene Herrera aseguró que le había entregado cinco libros de contabilidad del club a Abraham Quintanilla, por lo que Westergren ordenó a los abogados de Quintanilla a someter todos los documentos.

En otra moción, Tinker pidió que se presentaran los estados financieros de Q Productions, la compañía de Quintanilla, y hasta su planilla personal de impuestos al Departamento de Rentas Internas. En respuesta, los abogados de Quintanilla contestaron con otra moción para que no se indagaran las finanzas de su cliente. El padre de Selena, indignado, declaró a la prensa que el objeto de su moción no significaba que tuviera algo que esconder, sino evitar que Tinker desviara el proceso de su verdadero objetivo: la acusación de asesinato.

Sin duda, el consenso general era que las finanzas personales de Quintanilla no venían al caso. Daba la impresión que la defensa estaba disparando cartuchos al aire para ver qué caía. Tal vez por eso, radicaron otra moción pidiendo que se le entregara, de haber alguno, el archivo criminal de Selena. Como no existía tal cosa, se quedaron con las manos vacías. La que sí encontré interesante fue la moción de Tinker que demandaba el archivo médico de la liposucción que Selena se hizo en Monterrey. La interpreté como una estrategia legal por parte de los abogados de Yolanda para lograr un testimonio del Dr. Ricardo Martínez. Pero perdieron su tiempo. Cuando Martínez dio voluntariamente una deposición desde Monterrey por teléfono, no dijo nada relevante. Por eso nunca se utilizó durante el juicio. Los comentarios controversiales del médico vendrían después, meses más tarde.

Algo inesperado sucedió en las audiencias. Todos esperaban que Tinker alegara que su defendida había sido victima de un ataque de locura momentánea y que había cometido el crimen estando fuera de sus cabales. Pero el abogado hizo algo muy distinto. Prometió demostrar que lo sucedido el 31 de marzo había sido "un accidente lamentable". Los presentes en la sala se quedaron fríos, pues nadie había contemplado la posibilidad de que Yolanda pudiese ser inocente. Tinker prosiguió a revelar, por primera vez, la versión de su clienta. Supuestamente, Yolanda quiso suicidarse tras discutir con Selena en la habitación 158... la cantante abrió la puerta en busca de ayuda... Yolanda le ordenó que la cerrara, y a esos efectos le hizo a Selena un ademán con la mano que aguantaba el arma. Fue en ese instante en que el arma se disparó "sin querer". El silencio se dejó sentir en la corte.

En realidad, yo tuve esa sorpresa unos días antes, durante mi reunión con Arnold en el restaurante. De manera informal y sin violar las confidencias de su clienta, él me contó por encima algunos detalles de la estrategia de la defensa que me hicieron deducir que iban a usar la teoría de accidente. Él sabía que ese juicio se podía ganar o perder en los medios de comunicación, que la opinión pública era importante. Creo que él quería buscar aliados a su causa en la prensa. Estaba convencido de que su clienta era inocente y quería convencerme a mí también. Se sentía frustrado porque había muchos periodistas predispuestos en contra de Yolanda.

En un momento dado *Primer Impacto* fue protagonista en las audiencias. La corte nos pidió el video de la entrevista que le realizamos a Rosario Garza, el 4 de abril. Ella era la mucama del Days Inn que decía ser testigo ocular del crimen. Como recuerdan, Rosario dijo haber escuchado dos disparos y haber presenciado cuando Yolanda le dio uno de los balazos a Selena en el pasillo del motel. La defensa quería convencer al juez de que, luego de escuchar los contundentes comentarios que la joven hizo en nuestro programa, los potenciales miembros del jurado habían prejuzgado a su clienta, haciendo imposible que se pudiese llevar a cabo un juicio imparcial. Tinker también solicitó que se presentaran los informes de los tratamientos psiquiátricos de Garza, buscando probar que ella no estaba apta emocionalmente para testificar. Rosario fue citada a la corte durante las audiencias, pero nunca fue llamada a la sala. Se notaba vulnerable y nerviosa. Cuando la vi en el vestíbulo de la sala de tribunal, me le acerqué para preguntarle:

—¿Rosario, te mantienes firme en todo lo que nos has dicho? —y esta vez ella fue más allá de lo que originalmente contó. De hecho, llegó a rayar en lo increíble:

—Sí, yo vi cuando la bala le entró a Selena por la espalda y le salió por el frente, lo vi como en cámara lenta.

Para mí, en ese momento ella perdió toda credibilidad, porque esa habilidad de "ver" la bala en movimiento la tiene sólo Superman. Además, gracias a mis contactos en la policía yo descubrí que el informe balístico había determinado que el arma de Yolanda se disparó una vez y no dos, como Rosario aseguró siempre. Para rematar su versión, había sangre dentro de la habitación del motel, por lo que cualquier persona con lógica podía deducir que ese único balazo fue en el cuarto y no en el pasillo, como decía la mucama... O Rosario estaba mintiendo o creyó ver algo que era imposible para ella haber visto.

Por la corte desfiló un día hasta la jefa de mi departamento, Alina Falcón. Como vicepresidenta de noticias, ella fue representando a Univision junto a los abogados de la compañía, para pedirle al juez que permitiera el uso de cámaras de televisión dentro de la sala y así transmitir el proceso en vivo para nuestra audiencia. El argumento era razonable: le daba oportunidad al televidente de aprender sobre el sistema judicial y preparaba a la comunidad para entender cómo se había llegado a un veredicto, cualquiera que fuese. Hubiese sido fantástico, pero el juez se negó rotundamente. Seguro tuvo pesadillas de que su sala se convertiría en un circo, como pasó con el juicio de O. J. Simpson.

El siguiente paso de Tinker fue tratar de aniquilar la confesión que su clienta firmó con su puño y letra la noche de su arresto. Ese papel constituía un arma mortal en manos de la fiscalía, porque en él Yolanda acepta que cometió el crimen y nunca menciona la palabra "accidente". La defensa llamó a testificar a Paul Rivera, el detective que, junto a otro oficial, obtuvo la declaración de la acusada, tras un largo interrogatorio.

Paul Rivera trabaja con el departamento de la Policía de Corpus Christi desde 1978 y cuenta con una sólida trayectoria y una reputación intachable. Tan pronto se sentó en el banquillo de los testigos, Tinker comenzó a bombardearlo. Le hizo admitir que su hermano fue compañero de Abraham Quintanilla en el ejército y que en su despacho tenía colgado un póster de Selena, regalo de la familia Quintanilla. Con eso quería hacer ver que el oficial tenía un claro conflicto de interés.

La defensa sostuvo que la confesión de Yolanda fue obtenida de manera ilegítima porque se tomó en ausencia de un abogado, aún cuando Yolanda había solicitado representación legal. Además, Tinker explicó que su clienta fue indebidamente presionada, pues no se le permitió comer, tomar agua, ir al baño o ver a su familia hasta tanto no firmara una confesión. Bajo esas circumstancias ella no podía tomar decisiones claras. Según Tinker, Yolanda pidió expresamente que su declaración incluyese la palabra "accidente", cosa que el policía ignoró y ella finalmente accedió a firmar el documento que excluía ese detalle clave, porque estaba agotada tras el parapetamiento.

La defensa logró también que el agente Rivera admitiese que luego de obtener la confesión de Saldívar, él había destruido todas las anotaciones que hizo durante el interrogatorio. ¿Por qué lo hizo? Él dijo que era algo que acostumbraba hacer.

En la confesión Yolanda explica cómo el negocio de Selena había entrado en crisis y cómo debieron realizar una drástica reducción de personal en los últimos meses. Menciona que Abraham Quintanilla la acusó de lesbiana y ladrona. Luego relata que durante su reciente viaje de negocios a Monterrey, habló con Selena por teléfono y la cantante le pidió que le trajera unos estados bancarios y documentos financieros que ella tenía en su poder. Cuando Yolanda regresó a Corpus, el 30 de marzo, Selena fue brevemente al Days Inn para recoger los papeles que le había pedido. Yolanda aprovechó para contarle a su amiga que en Monterrey un hombre había intentado violarla y le enseñó los moretones que tenía en el cuerpo a raíz de ese supuesto ataque.

Al día siguiente, el 31 de marzo, Selena la llevó al hospital para un examen médico. Cuando ambas regresaron al motel, Selena le dijo a Yolanda que ella le había entregado los documentos financieros a su padre, Abraham Quintanilla, y que él decía que los papeles no eran los correctos. Yolanda se molestó y le dijo a Selena que no deseaba trabajar más para ella. Discutieron. Yolanda describe lo que pasó después:

—Saqué el revólver de mi cartera y Selena salió caminando hacia la puerta... jalé el gatillo y le disparé mientras ella caminaba hacia la puerta.

Salió a relucir en la corte que, tras firmar la declaración, a Yolanda se le permitió ver a su padre por unos minutos. Luego la encerraron en una celda.

Cuando la fiscalía interrogó a Rivera, el agente negó haber cometido alguna irregularidad. El fiscal Valdez apoyó su testimonio mostrando otro papel firmado por Yolanda en el cual ella reconoce que el oficial la instruyó sobre todas sus opciones legales antes de comenzar el interrogatorio. La firma de Yolanda es casi ilegible. La letra es temblorosa, porque estaba en un estado de nervios casi en el límite de la desesperación.

El fiscal prosiguió a defender la reputación de Rivera señalando en el papel de la confesión los cambios que Yolanda hizo a mano, en su puño y letra, antes de firmarlo. Ninguno de los apuntes hechos por la acusada incluye la palabra "accidente". Si en verdad los acontecimientos sucedieron de otra manera, ¿por qué Yolanda accedió a firmar una declaración llena de mentiras que la inculpaban? ¿O fue en efecto víctima de presiones para que firmara?

Tinker, a quien llaman "el jugador de poker" por la forma arriesgada en que se debate en corte, le hizo honor a su nombre sacando otra carta inesperada: llamó a Robert Garza, un Texas Ranger. Los Texas Rangers tienen reputación de ser agentes inquebrantables de la ley y el orden. Su palabra es siempre tomada como cierta. En Texas, ellos fueron conocidos en el pasado por discriminar en contra de los méxico-americanos, pero los tiempos han cambiado. Esta vez un Texas Ranger de descendencia hispana iba a tomar el banquillo para defender a una méxico-americana, a Yolanda. Cuando entró a la sala, Garza "paró el tráfico". Es guapísimo, mide más de seis pies de altura y estaba vestido con una impecable chaqueta con rasgos vaqueros. Caminó con un porte y seguridad en sí mismo impresionantes, quitándole la respiración a las mujeres de la audiencia. Al hablar, su voz retumbó en las paredes y sonó convincente.

Garza había presenciado parte del interrogatorio que el detective Rivera le hizo a Yolanda. Aunque no estaba con ellos en el cuarto de entrevistas, él vio todo lo que allí ocurría, desde una sala adyacente a esa habitación. Resulta que era una de esas salas como las que salen en las películas, especialmente acondicionada con un cristal através del cual se puede ver todo lo que sucede en el cuarto de entrevistas, sin ser visto por los participantes en el interrogatorio. El propósito de ese tipo de sala es permitirle a otros oficiales estudiar el comportamiento de los acusados. Al otro lado del cristal, Yolanda y Rivera solo veían un espejo.

Aunque se supone que el cuarto de entrevistas es a prueba de sonido, el Texas Ranger dijo haber escuchado retazos de la conversación en la que Yolanda le aseguraba a Rivera que todo había sido un accidente, y ver cómo Saldívar narraba su versión enfatizando su descripción de cómo se disparó el revólver con expresivos gestos. Eventualmente, Garza cuestionó a Rivera acerca de por qué no incluyó la versión del accidente en la confesión. Al ser confrontado, Rivera supuestamente trató de minimizar el asunto. Le recordó al Texas Ranger que los asesinos acostumbran a inventarse excusas con tal de no aceptar su culpa. Desde el principio de su testimonio se notó que Garza estaba incómodo testificando contra un colega suyo, contra un oficial con el que había investigado en equipo varios casos. Tras escuchar las palabras del Texas Ranger, la defensa exitosamente dejó la impresión de que el detective Rivera actuó como fiscal y juez de Yolanda.

Tan pronto como Garza terminó de hablar, me dediqué a la misión de buscar una reacción del oficial Rivera para mi reportaje de esa tarde. Parece que el duende de la casualidad estaba de mi lado, porque apenas salí de la corte, me encontré al detective solo, esperando el ascensor. Rápidamente me le acerqué para hablarle y, obviamente, para pedirle una entrevista exclusiva. El dudó mucho, y me cuestionó si yo trabajaba para alguna estación local. Por el tono de la pregunta, deduje que Rivera no tenía ningún interés en verse esa tarde en un noticiero de Corpus; después de todo, no había sido un buen día para él. Pero yo tenía que conseguir la entrevista para que mi reportaje fuese completo. Así que contesté sin mentir, pero sin entrar en detalle: "No, soy una periodista de Miami". Tan pronto escuchó mi respuesta, aceptó conversar conmigo. En realidad, mi programa se transmite en cadena desde Miami, y se ve no sólo en Corpus, sino en todo el estado de Texas, de costa a costa en los Estados Unidos y en una docena de países de Latinoamérica. No, no me sentí culpable por omitir esos "detalles". Si no lo agarro yo, seguro lo hubiese agarrado otro periodista.

Tan pronto accedió a la entrevista, vino "la operación secreto". Cuando bajamos juntos en el ascensor, yo sabía que si los colegas apostados en la puerta de la corte me veían salir con alguien del edificio, iban a sospechar que era un "pez gordo" para entrevistar, y sería impossible evitar que ellos se sumaran al reportaje, perdiendo así mi exclusiva. Por tanto, tuve que pedirle a Rivera que caminara unos pasos detrás de mi hasta el estacionamiento pretendiendo no conocerme. Así, atravesando la selva de periodistas, y mostrando mi mejor sonrisa, le dije a María López entre dientes: "Trae a un camarógrafo y sígueme disimuladamente". Mi productora, que está acostumbrada a actuar rápidamente, trajo consigo a Iván, un querido compañero, eficiente y veloz.

Una vez que tuvo la presa en mano, casi le meto el micrófono a Rivera en la boca.

—¿Qué opina de las declaraciones del Texas Ranger? —le pregunté directamente.

—El Texas Ranger está equivocado —me respondió nervioso, mientras se preparaba para entrar a su auto.

—¿Seguro? —le pregunté rápido, temiendo que se escapara.

—Estoy seguro —respondió.

—¿Usted cambió la declaración de Yolanda Saldívar? —le pregunté como una forma de detenerlo.

—No.

—Sin embargo, el Texas Ranger dijo haber oído a Yolanda decir que todo fue un accidente —le aseveré, mientras él se ponía más nervioso.

—Eso no es posible —me respondió—. Él estaba fuera de la habitación y no podía oír nada, es imposible escuchar a través del espejo.

Sabía que sólo me quedaban segundos, así que opté por ser rápida y directa en las preguntas. Él también lo fue con las respuestas.

—¿Yolanda Saldívar nunca le dijo que fue un accidente?

—No.

—¿Yolanda Saldívar nunca le dijo que se quiso suicidar?

—No.

—¿Yolanda Saldívar nunca le dijo que se le disparó el arma sin querer cuando le hizo un ademán a Selena para que cerrara la puerta?

—No.

Paul Rivera pocas veces me miró directamente a los ojos y

siempre dio la sensación de estar incómodo con las preguntas. (Fue la única vez que habló con la prensa durante las audiencias. Lo más curioso es que en vez de odiarme parece que le gusté, porque cuando se enteró meses más tarde de que me había casado, le comentó a un amigo en común que estaba "descorazonado". ¿Quién lo entiende?)

Las audiencias seguían adelante. Para Tinker era imprescindible lograr que el juez cambiara la sede del juicio de ciudad. Si bien la muerte de Selena se había convertido en una noticia internacional, en ninguna parte había más admiradores y amigos de la cantante que en Corpus, donde ella había crecido. Allí no se hablaba de otra cosa. Para demonstrar que en esa ciudad la corte sufriría de demasiadas presiones, la defensa presentó como testigo a una ex-juez del condado de Nueces. La mujer fue clara y concreta en señalar las buenas razones para el cambio: "Hay más probabilidades que un marciano verde baje del cielo que el que Saldívar tenga un juicio justo en las actuales circunstancias". Y parece que el público estaba de acuerdo pues el mismo día en que se hacían estas alegaciones en corte, un programa radial de Corpus Christi realizó una encuesta donde los radioescuchas, dos contra uno, sostenían que no habría un juicio justo si se realizaba en esa ciudad. Es que un 52 por ciento de los habitantes de Corpus son hispanos y la comunidad latina estaba convencida de que Yolanda era una asesina a sangre fría. Conseguir a doce miembros del jurado que fueran totalmente imparciales era muy difícil en cualquier parte del estado, pero en Corpus era casi imposible.

El último día de las audiencias, el juez anunció su decisión en torno a las dos mociones más importantes del proceso presentadas por la defensa. Tinker logró que el juicio fuera trasladado a Houston, donde el porcentaje de hispanos es aproximadamente un 28 por ciento.

Cuando Westergren anunció el cambio a otra ciudad, lo hizo en voz baja, con su estilo casi indiferente. Muchos tuvieron que preguntar si habían escuchado bien. Habitualmente, el juez ha dado a conocer decisiones claves como si hablara de la lluvia.

Pero el que ríe último ríe mejor y al final, el fiscal Valdez obtuvo su victoria. El juez rechazó la moción de la defensa y permitió que la confesión de Yolanda fuese presentada como evidencia en el juicio. Con ese documento en mano, no importaba si el juicio era en Houston o en otro planeta, a cualquier jurado le sería muy difícil exonerarla.

Con estas decisiones todo estaba listo para uno de los juicios más importantes en la historia de la comunidad hispana de los Estados Unidos.

6

Días de anticipación

Yolanda Saldívar esperó su juicio atormentada y en ayunas. Durante los seis meses que pasó encarcelada en Corpus casi no comió. Bajó de 156 a 105 libras y su talla disminuyó de 16 a 8. Perdía peso cada día. Por eso hasta los vestidos de tamaño más pequeño, que días antes del juicio le regalaron sus ex-colegas del hospital, le quedaban un poco grandes cuando llegó a Houston. Así que, no tuvo otro remedio que ajustárselos con un broche. Todo me lo contó María Elida en nuestras largas charlas telefónicas. Un día ella me llamó para darme el nuevo número de teléfono de su familia. Tuvieron que cambiarlo porque, después de las audiencias de Corpus Christi, la prensa los estaba volviendo locos. Ellos no querían dar entrevistas y los periodistas los llamaban a todas horas, lo que tenía a sus padres muy nerviosos. Me dio el nuevo número con permiso de Yolanda, con quien consultaban todo. Así supe que las cosas continuaban en buena dirección y respeté el gesto; a nadie se lo di ni después de que terminó todo.

Otro día, María Elida me llamó angustiada para decirme que a Yolanda le habían detectado un cáncer del seno. Me quedé sorprendida y le hice varias preguntas al respecto, pero todas sus respuestas fueron evasivas y abstractas. Nunca hablé de eso en mi programa por delicadeza y consideración hacia su familia. Con el tiempo volví a preguntarle a María Elida sobre el estado de salud de su hermana, quería saber en qué había quedado todo. Ella me respondió de forma indiferente: "No sé, parece que no tenía nada". Ahora me siento en la libertad de hablar sobre ello, porque pienso que nunca hubo tal diagnóstico. Creo que Yolanda se lo inventó para que yo le tomara lástima y utilizó a su hermana como herramienta para hacerme llegar el mensaje. El caso es que el incidente me dice mucho de la sed de control de Yolanda y me hace pensar que seguramente ésa era la misma técnica que ella usaba para tratar de manipular a Selena.

En esos días antes del juicio, que estaba pautado para comenzar en octubre, los abogados de Saldívar se preparaban para la batalla. Un nuevo miembro se sumó al equipo, el abogado Fred Hagans. Tenía una buena reputación y muy buen porte. Su especialidad eran las demandas sobre daños personales y éste era su primer caso criminal. Hagans estaba tan entusiasmado que, además de volcar su experiencia profesional, también aportó dinero para la preparación de la defensa. Este caso estaba generando mucha publicidad y seguro pensaba que la inversión valdría la pena. El equipo de Tinker ensayó con un jurado ficticio, elegido por un experto. La experiencia le costó a Hagans cerca de 20.000 dólares.

Prepararon una sala con cámaras de video, y Tinker le expuso su teoría y sus argumentos a las personas que escogieron para el panel. Cuando la defensa le solicitó a los miembros del jurado ficticio que expresaran su veredicto, un tercio votó por la absolución, pero para su sorpresa, el resto aceptó como válida la confesión que Yolanda le firmó a Paul Rivera.

Nosotros también comenzamos a trazar nuestra estrategia. En primer lugar era necesario estar asesorados legalmente, para tener claros todos los pasos que se iban dando en el proceso y poder informar al público lo más claramente posible. El departamento de producción de *Primer Impacto* procuró encontrar abogados que, con palabras sencillas y coloquiales, nos aclararan a los que no sabíamos derecho, toda la maraña indescifrable de términos legales. Tuve la suerte de que mis compañeros dieran con los abogados Jorge Rangel y José Castillo, quienes a lo largo de varias semanas describieron los pasos que se daban, opinaron acerca de todos los acontecimientos e, inclusive, debatieron entre ellos cada punto, ofreciendo así la amplia gama de posibilidades en sus análisis. Eran como la sal y la pimienta y sus comentarios dieron mucho sabor a la cobertura. Sin duda fue la mejor opción. Rangel había sido juez en Texas, en tanto que Castillo figura como uno de los más importantes defensores del estado. Yo los bauticé como "el ex-juez de Texas" y "el prominente abogado defensor" para que la gente los reconociera. En momentos de crisis se convertirían también en reporteros. Relataban testimonios desde la corte con dramatismo. Lo llevaban en la sangre. Al final, ellos terminaron firmándole autógrafos al público.

Tantas serían las horas que compartimos discutiendo las diferentes teorías y llegando a nuevas hipótesis, que acabamos siendo íntimos amigos, amistad que aún perdura.

Sin duda, Rangel y Castillo merecían la buena fama que tenían, tanto por el nivel técnico como por la seriedad profesional. Me enteré de muy buena fuente de que a un analista contratado por un competidor, le dieron instrucciones de hacer sus comentarios "a favor de Selena" siempre. No sólo lo encontré una total falta de ética, sino también innecesario. Todos estábamos a favor de Selena, pues ella había sido la víctima. Aquí se trataba de hacer un análisis que reflejara lo que iba a pasar en el juicio, no de narrar una fantasía. Si por una de esas cosas de la vida Yolanda era encontrada inocente, el público tenía que conocer la verdad acerca de cómo se llegó a ese veredicto.

La noche antes de que comenzara el juicio tiramos la casa por la ventana. Conseguimos hacer un programa especial en vivo, nada menos que desde la sala de la corte en Houston, donde en cuestión de horas comenzaría el proceso. Fuimos el único medio que logró ese acceso, gracias a nuestra productora ejecutiva. Utilizamos hasta una grúa especial que carga la cámara y logra movimientos espectaculares. Mi compañera de programa, Myrka Dellanos-Loynaz, estaba transmitiendo su parte del show desde el motel Days Inn en Corpus. Sin ella cubriendo ese otro ángulo hubiese sido imposible dar una cobertura tan completa.

Esa noche comenzé el programa con una importante revelación. Como yo tenía mis buenos contactos con la fiscalía, me enteré que el Fiscal Valdez no iba a presentar a Rosario Garza a raíz de las contradicciones en su testimonio. Tocando la silla de los testigos para añadir dramatismo, pude anunciar la nueva exclusiva: "Fuentes de *Primer Impacto* aseguran que Rosario Garza, la supuesta única testigo ocular del crimen, no será llamada por los fiscales a testificar, ya que su versión hubiera contradicho a los demás testigos del motel y los informes de la policía". En efecto, veríamos después que ella nunca pisó la corte en Houston.

En la transmisión también pude mostrar cómo estaban dispuestos 182 asientos; 76 para la prensa, 8 para los dibujantes, un espacio para las familias y amigos de la víctima y de la acusada y unos 35 lugares para el público que serían sorteados cada mañana.

Nuestros lentes mostraron cómo el ambiente en la ciudad era cada vez más tenso en la víspera del juicio. Tres pandillas —una de Houston, otra en Miami y la última en Los Ángeles— se retaron para ver cuál de ellas mataba primero a Yolanda, si era encontrada inocente. El público en la calle pedía la culpabilidad y la pena máxima.

Hacer el programa en vivo fue emocionante, había mucha anticipación... pero nadie esperaba el impacto que tendría la elaborada dramatización que habíamos preparado para uno de los reportajes. Era como una minipelícula que relataba los episodios de los días anteriores y todas las versiones que se conocían hasta ese momento sobre los sucesos del 31 de marzo en el Days Inn. La preparación de todo fue al mejor estilo Hollywood. Realizamos un "casting", donde seleccionamos los actores que más se parecían a los protagonistas del drama —Yolanda, Selena y Abraham Quintanilla— y buscamos lugares semejantes a los verdaderos. Fuimos muy cuidadosos, pues las dramatizaciones pueden distorsionar la realidad. Por eso nosotros lo hicimos todo al pie de la letra, no hubo invenciones, ni exageraciones. Todo lo basamos en los documentos de la corte.

En un momento dado, todo casi se va al diablo, porque "Yolanda" se quebró un brazo interpretando su papel. Lo cómico fue que cuando sucedió este percance, en la sala de noticias nos informaron que "Yolanda está en el hospital". Hubo quien pensó que le habían dado un paliza en la cárcel o algo peor, hasta que una voz sensata aclaró las cosas. Era Yolanda, la actriz. Igualmente siguió adelante con el brazo entablillado, y las últimas tomas hubo que hacerlas enfocando la cámara de tal forma que evitara el ángulo de su brazo. Todo se hizo corriendo y terminamos de editar la dramatización a último momento, casi simultáneamente con la salida del programa. El realismo fue tan bien logrado que, cuando presentaba el programa desde la corte, uno de los camarógrafos me dijo: "Es increíble, parece una película, me hizo sentir que yo estaba allí, que fui testigo de lo que pasó". Esa noche, cuando terminó el programa, y horas antes de que comenzara el juicio, nuestros televidentes sabían que en esta cobertura *Primer Impacto* tenía al toro por los cuernos.

Cuando terminó el show empezó la polémica. Debió haber sido muy duro para la familia de Selena ver recreada, con tanto realismo, la escena en que la cantante recibe el disparo. Abraham Quintanilla criticó la dramatización presentada en nuestro programa, pero no se conformó con eso e injustamente cuestionó la veracidad de lo que presentamos. Llamó a una conferencia de prensa en las oficinas de la emisora de radio KQQK de Houston. Allí condenó a los medios hispanos en general, alegando que distorsionaban las cosas. Al ver que se encontraba presente una periodista de la cadena Telemundo, reaccionó de una forma volátil y se negó a realizar la conferencia hasta que ella no se fuese del lugar. Cuando le informaron que también estaba presente un camarógrafo de *Primer Impacto,* lo mandó a sacar de mala manera.

La prensa anglosajona estaba ansiosa por dar comienzo a la conferencia de prensa, pero no apoyó el que Quintanilla censurara a los periodistas hispanos. Presintieron que en un futuro los papeles so podían invertir si decían algo que a él no le gustara y seguro no quisieron sentar un precedente. El incidente fue filmado por las cámaras de televisión y transmitido esa noche en la mayoría de los noticieros locales de Texas.

La controversia no terminó ahí. En ese programa que incluía la dramatización, promovimos muchísimo un show que Cristina Saralegui, la reina indiscutible de los *talk shows* en español, iba a hacer sobre el tema de Selena después de nuestro especial. Ella me había pedido que apareciera en su programa para hablar sobre el caso contra Yolanda Saldívar, junto a los analistas legales. Quintanilla también había sido invitado, pero después del coraje que agarró con nuestra edición especial, amenazó con cancelarle a Cristina.

Ella lo quería en el programa, pues su presencia era una garantía de que habría una gran audiencia. Así lo confirmaban los programas anteriores donde apareció la familia de Selena en pleno. Así que Cristina habló con Abraham y lo apaciguó. Yo desconocía la forma en que se iba a llevar a cabo ese show y un rato antes de que empezara llamé a Cristina por teléfono para asegurarme de que no habría una confrontación en su programa y que, en el caso de que Quintanilla dijera algo, le explicara con mucho respeto de que todo lo realizado por *Primer Impacto* se basaba en información obtenida a base de documentos de la corte. Es decir, le di los instrumentos a mi colega para que nos defendiera, de ser necesario.

Al rato, Rangel y Castillo, que también iban a participar conmigo en el programa de Cristina, se presentaron frente al edificio de la corte de Houston, desde donde se iba a transmitir nuestro segmento en vivo, vía satélite. Los tres fuimos conectados al IFB para poder escuchar la programación en Miami, donde se encuentra el estudio de Cristina. Cuando estábamos listos para comenzar su programa, escuchamos a través del IFB, el final de una conversación en la que Cristina le decía a Quintanilla, quien estaba en otra parte de Houston: "Gracias por la confianza, Abe". Rangel, Castillo y yo nos miramos y cruzamos los dedos para que todo saliera bien.

Al principio del programa, hice a petición de Cristina un recuento de lo que había pasado legalmente hasta ese momento y conté algunas anécdotas de la cobertura. Terminé y el programa continuó desde Miami. Más adelante le tocó el turno a

Quintanilla, quien también participó en vivo via satélite. Él se quejó de lo que vio en *Primer Impacto* y Cristina lo dejó hablar un tiempo razonable para que se desahogara y de una manera muy profesional, cambió el tema. Después, ella tuvo su propio encontronazo con Quintanilla porque en el medio del programa él se enteró de que la autora de un libro no autorizado sobre Selena iba a hablar sobre su obra y se enfureció. Durante los comerciales se levantó abruptamente de la silla porque no quería estar en el mismo programa con la escritora. Una vez más, Cristina lo convenció y logró retenerlo por unos minutos para que por lo menos se despidiera de los televidentes. Le dijeron al público que se tenía que ir debido a un "compromiso previo".

Tales actitudes para con los medios de prensa por parte de Abraham Quintanilla se repitieron una y otra vez. Mi amigo John Quiñones, corresponsal del programa *Primetime Live* de la cadena norteamericana ABC, me comentó que "entrevistarlo fue un verdadero dolor de cabeza". Literalmente volvió locos a sus productores con cuestionamientos y condiciones. Con otros medios, también buscó controlarlo todo y poner limites. Cuando un fotógrafo de la revista *Newsweek* fue a retratarlo para un artículo que iba a ser publicado, Quintanilla trató de hacerle firmar un papel que relevaba a *Newsweek* de todo derecho sobre la foto después de publicada. La revista no aceptó. Varios miembros de la prensa se molestaron también con Abraham porque cuando se le acercaban para pedirle una entrevista, él exigía las preguntas por escrito y por adelantado.

A pesar de todo eso, nosotros en *Primer Impacto* nunca tuvimos nada en contra de Quintanilla. Al contrario, desde un principio quisimos sentarnos con él para discutir sus inquietudes en torno a la dramatización y hasta le ofrecimos una entrevista por televisión para que ventilara cualquier queja al respecto. El sólo accedería a hablar en nuestro programa, si se le permitía escoger a la persona que lo iba a entrevistar. Aunque nunca lo expresó públicamente, sospecho que no quería que fuera yo porque sabía que mis preguntas serían inquisitivas. Él dijo que quería ser entrevistado por mi entonces compañero del programa, Mauricio Zeilic, quien ni siquiera se encontraba en Houston. Seguramente pensó que Mauricio, como reportero de espectáculo, estaba menos interesado en los aspectos controversiales del caso. O tal vez tenía un buen recuerdo de lo humano que fue Mauricio cuando lo entrevistó poco después de la muerte de su hija. Sea como fuera, su exigencia era un descarado intento de manipulación. De ninguna manera Univision iba a permitirlo. El departamento de noticias de la cadena es el que decide qué periodista entrevista y qué preguntas hace. Mi jefa, Alina, fue firme en este punto y por eso la respeto. Finalmente, Abraham Quintanilla canceló el reportaje. Con el tiempo su conducta cambió. Nobleza obliga a admitir que fue extremadamente abierto y amable cuando lo entrevisté el 1 de diciembre de 1995. Pero claro, le di razones que probaron mi integridad. Durante esa entrevista, él contestó todas mis preguntas y no se negó a hablar de nada.

Luego de estos incidentes, muchos medios hicieron reportajes sobre la forma arrogante en que Quintanilla trataba a los periodistas y vinieron a donde mí en busca de comentarios controversiales que nunca obtuvieron. Ante esto, los ejecutivos de Univision trazaron una clara política: "No vamos a discutir con un padre que está de luto, no importa lo que diga". Y así, todo quedó terminado. Me sentí orgullosa de trabajar para una compañía que supo manejar una situación delicada como ésa, con tanta clase.

Justo antes de que comenzara el juicio, nuestras energías también estaban dirigidas a conseguir una exclusiva con el Dr. Ricardo Martínez. Cuando por fin dimos con su oficina en Monterrey, nos refirieron al abogado del médico. Al contactarlo, su asesor legal dijo: "El tiempo de mi cliente es muy valioso, él tiene que ser recompensado de alguna forma".

Nunca estableció una cifra, pero estaba claro que pedía dinero. Eso me dio muy mala espina. De todos modos la propuesta era inaceptable pues mi programa no paga por entrevistas. Es cuestión de principios. Las personas que cobran por hablar, a veces, exageran, agrandan y hasta inventan sus historias, para que el entrevistador se sienta satisfecho, para que piense que valió la pena pagar. En mi opinión, en el periodismo serio es antiético que un periodista cobre o pague dinero.

Semanas más tarde, Martínez cambió su opinión y habló con nosotros sin recibir nada a cambio. Tal vez, su abogado sólo estaba tanteando la situación, cuando habló con mi productora e insinuó que había que pagarle a su cliente para que concediera una entrevista. Sin condiciones el testimonio del médico tuvo mucha más credibilidad. En el próximo capítulo hablaré sobre esa entrevista, pero les adelanto que él asegura haber sido la última persona a la que Selena llamó por teléfono, minutos antes de irse a encontrar con Yolanda; aquella fatídica mañana de marzo, en el Days Inn.

7

El juicio

OCTUBRE 1995

Ese primer día, sentí que algo pasaba a mis espaldas, pero en un principio no entendía qué. Tras voltearme un par de veces me di cuenta de que tenía que ver con un hombre sentado en la fila del medio, reservada para el público.

Estaba muy mal vestido, sin afeitar y tenía mirada de loco. Aunque la sala de la corte estaba repleta, varias personas preferían arremolinarse las unas contra las otras, a tener que sentarse junto a él. "Es que apesta", me dijo por fin una compañera periodista. El chisme había llegado hasta la sección de la prensa. Volví a virarme y lo vi perdido en su propio planeta. Comprendí que se trataba de un desamparado. ¿Quién lo diría? El juicio de la década en Texas, el proceso judicial más seguido por los hispanos en los Estados Unidos estaba a punto de empezar y dentro de la corte, donde las cámaras no podían entrar, la preocupación era por la higiene personal de un pobre infeliz.

"Ni tan infeliz", me aseguró otra mujer del público con pantalones de satín rosa subido. "Lo agarraron tratando de vender su pase de entrada, pero los guardias lo obligaron a quedarse". Después averigüé que el desamparado había dormido en la calle y despertó casualmente en la misma esquina donde el público que quería entrar en el juicio contra Yolanda Saldívar esperaba desde temprano el sorteo de asientos. El oficial a cargo pensó que se trataba de un fanático empedernido de Selena que se amaneció porque de ninguna manera quería perderse este primer día. Fue el primer escogido y cuando vio que los seleccionados gritaban como si se hubiesen pegado en la lotería, pensó que adentro estaban regalando desayunos.

Este incidente le dio un toque pintoresco a los minutos que tuvimos que esperar, antes de que comenzara este primer día del juicio, en la corte de Houston. Un segundo antes de que el juez entrara a la sala pensé: "¡Qué ironía! Afuera hay gente peleándose por entrar y aquí hay un hombre con ganas de irse porque descubrió que la corte no es cafetería".

———

Ese miércoles 11 de octubre era la primera vez que dejaban entrar a la sala al público y a los medios de comunicación. Pero en realidad, el juicio había comenzado oficialmente dos días antes, el lunes, con la selección del jurado, que se llevó a cabo a puerta cerrada para proteger la privacidad de los candidatos al panel. Los periodistas supimos lo que pasó durante el proceso de escoger al jurado porque el juez permitió que un reportero que trabajaba para la corte estuviese presente en la sala y que cada tarde nos hiciera un resumen de lo acontecido.

Tuve en mis manos el kilométrico cuestionario que debieron contestar por escrito los candidatos al jurado que citó el condado. Se les preguntó, entre muchas cosas, si eran miembros del fan club de Selena, si habían asistido a su funeral o si eran capaces de dar un veredicto a favor de la acusada aunque esa decisión no fuese popular entre la comunidad.

Para escoger jurados que fueran buenos para su causa, la defensa fue asesorada por Robert Gordon, un especialista que había sido consultor en otro caso que recibió mucha publicidad, el juicio contra William Kennedy Smith. (William Kennedy Smith, sobrino del senador Edward Kennedy, fue encontrado inocente de un cargo de violación contra una mujer a la que supuestemente había abusado en su residencia de Palm Beach, Florida.) Douglas Tinker y su equipo buscaron personas que no tuvieran una fe ciega en la policía y que contemplaran la posibilidad de que un agente, aún bajo juramento, pudiera mentir, y que pensaran que un arma puede dispararse accidentalmente.

La fiscalía, por el contrario, buscó un panel más conservador, integrado por personas que manejaran armas de fuego y estuviesen convencidas de que no se pueden disparar sin querer. Querían personas que tuvieran su propio negocio y que, en alguna ocasión, hubieran tenido que despedir empleados.

Tinker fue muy hábil en desarmar a los jurados potenciales. Con preguntas al parecer inconsecuentes, con ejemplos cotidianos y con chistes, les bajó las defensas y logró hacerles confesar sus verdaderos sentimientos en torno a la acusada. En esa época en que el odio colectivo hacia Yolanda era palpable, la defensa sorprendió a cada candidato pidiéndole que se pusiera de pie, mirara a los ojos a la acusada y le dijera a la cara que la consideraba inocente hasta que se probara lo contrario. Muchos titubearon. La mayoría no pudo hacerlo. Fue una manera eficaz de deshacerse de los indeseables, porque los que dudaban quedaban fuera de inmediato. La ley estadounidense es muy clara en considerar a todos los acusados libres de culpa, hasta que se pruebe lo opuesto. Varias personas dijeron tener ya una opinión en torno a Yolanda, lo que automáticamente los descalificó. Un gran porcentaje dijo oponerse a la existente ley que permite la opción de una probatoria condicional a una convicta de asesinato sin un record criminal previo, como lo sería Yolanda. Esa forma de pensar también los eliminó del panel.

Los elegidos fueron doce, siete anglosajones, cuatro hispanos y una afroamericana. En *Primer Impacto* buscamos el asesoramiento de Chris Ben, un especialista en jurados, que había sido asesor de la corte en la selección del panel que juzgó a O. J. Simpson. Luego de un profundo análisis del perfil psicológico del jurado en el caso de Yolanda Saldívar, Ben concluyó en nuestro programa que la gran mayoría de sus miembros eran algo o muy conservadores, lo que beneficiaba a la fiscalía.

Ante las pantallas de televisión, las partes dijeron haber quedado conformes con la selección, pero yo sabía que la verdad era otra. La defensa hubiese querido más afroamericanos y menos hispanos, por razones obvias.

El juez le prohibió a los miembros del panel que discutieran lo presentado en corte, vieran televisión, leyeran los diarios o escucharan la radio. Era mucho pedir, pero era necesario. El juicio era el tema de discusión por excelencia en todas partes y Westergren no quería tener que recurrir al extremo de aislar al jurado.

El día en que terminó la selección hubo una sorpresa. Ricardo Vela, nuestro reportero estrella y gran amigo, me vino a buscar jadeando al tráiler de Univision. El pobre había dado una larga corrida, porque tenía que decirme algo urgente. Acababa de encontrarse con María Elida en una esquina cerca de la corte y ella le había pedido que me buscara porque quería concederme una entrevista. ¡Por fin alguien de la familia Saldívar rompería el silencio! Yo solté el sandwich que me estaba comiendo y salí corriendo. María Elida accedió a ser entrevistada dentro de su auto, lejos de los camiones de la prensa. Estaba temerosa por las amenazas de muerte que estaba recibiendo su familia y pidió que cubriéramos su rostro en la pantalla. Así lo hicimos y eso hizo que terminara de ganarme su confianza, pues se convenció de que yo cumplía mi palabra. Más adelante se lo hizo saber a Yolanda. Esa tarde, María Elida nos habló llorando y sus palabras tocaron el corazón.

Estaba preocupada por su hermana:

—Está débil y triste. Llora mucho. La maldad fue hecha por Abraham Quintanilla. Mi hermana no es un monstruo. Somos humanos, somos católicos. Yo sé que la Virgen nos va a ayudar. No es cierto que ella sea lesbiana. El que nunca se haya casado no quiere decir que sea lesbiana. Yo no soy casada, tengo cuarenta y cinco años y no soy lesbiana. Lo que pasa es que ella estaba entregada en cuerpo y alma a su trabajo. La relación entre mi hermana y Selena era de buenas amigas. Selena era como nuestra hermanita menor.

Luego, envió un mensaje al supuesto causante de todo:

—Señor Quintanilla, ojalá que se arrepienta del daño que le ha hecho a mucha gente.

Fuera de cámaras, María Elida me contó que durante los días previos al juicio su familia, asustada, "está escondida en un lugar secreto de Houston, para que nadie los encuentre". Sentí mucha pena por ellos y recordé cómo la noche antes de que comenzara el juicio, María Elida todavía hablaba con mucho cariño de Chris, el viudo de Selena. No comprendía que la relación con él ya no podía ser la misma. Chris iba a testificar en contra de su hermana. Tuve la sensación de que, para los Saldívar, el tiempo se había detenido en una época feliz y no asumían en su totalidad la dimensión de lo que estaba pasando.

Al final de la entrevista, secándose las lágrimas, María Elida me contó que había rechazado la oferta de una cadena de televisión dispuesta a pagarle 4.000 dólares para que hablara en exclusiva. Insultada, me explicó por qué no aceptó el dinero:

—¿Qué se creen ellos, que la dignidad de mi familia tiene precio? Ni por un millón yo hablaría con alguien que después vaya a tergiversar las cosas y poner en peligro el caso de mi hermana.

———

Volviendo a ese miércoles en que por primera vez me senté en la corte, tan pronto entró Westergren, me olvidé del desamparado apestoso y estudié el estilo de la sala. Me llamó la atención su solemne decorado de cedro y la imponente bandera de Texas colgada sobre el asiento del juez. Sin duda todo había sido diseñado para demostrar la fuerte presencia de la justicia.

Esa mañana vi llegar temprano al equipo de la fiscalía. Venían cargados de cajas y cajas llenas de documentos. Eran tantas que debieron comprar un carrito portátil para transportarlas. De principio a fin se notó cuán organizados estaban. Valdez llevaba en la solapa un angelito de plata para la suerte. Su esposa acababa de regalárselo, porque ese mismo día el fiscal cumplía cuarenta y un años de edad. Él no se quitaría el broche durante todo el juicio.

Yo había sido una de los primeros periodistas en llegar, pues quería tener un asiento que me permitiera ver bien todo lo que pasaba. Afuera las medidas de seguridad eran extremas, había decenas de policías y perros entrenados para detectar explosivos. Antes de entrar al edificio, era necesario pasar por varias máquinas de rayos X capaces de revelar si alguien iba armado. Las credenciales para entrar al juicio de Yolanda eran cuidadosamente examinadas por los oficiales.

Cuando subí al quinto piso y entré a la sala judicial, descubrí que la acusada ya estaba sentada en su sitio, vestida con una chaqueta roja y chaleco gris, hablando con Arnold García. Al rato, Yolanda le dijo a él algo al oído y vi a Arnold señalarme. Ella se volteó para mirarme y ambas hicimos un imperceptible gesto de reconocimiento. Era la primera vez que nos veíamos cara a cara. Luego me enteré que le había preguntado a Arnold si yo estaba presente. Seguro sentía curiosidad por saber quién era esa reportera que veía en televisión y que le había escrito más de veinte cartas en los últimos meses. Debió haber estado intrigada con esa persona insistente que no aceptaba el "no" de sus abogados, ni su silencio.

Luego hicieron su entrada los otros protagonistas de esta tragedia. Nunca antes noté tan claramente las diferencias entre una y otra familia. No faltó ni un solo miembro de los Quintanilla, llevaron incluso consigo a un portavoz para que lidiara con la prensa de ser necesario. Todos se veían impecables y elegantes con ropa de diseñador. En cambio, los Saldívar fueron representados sólo por María Elida quien llevó del brazo a su mamá, Juanita. Ambas estaban humildemente vestidas y se veían asustadas, golpeadas por la vida, tratando de soportar lo insoportable. Lo único que los dos bandos tenían en común era el dolor reflejado en sus rostros.

Cuando Abraham Quintanilla se sentó, la tensión se podía cortar con un cuchillo. Yolanda se volteó de lado, mirando al jurado, y así evitó que sus miradas se cruzaran. Abraham, al principio, no prestó atención a la acusada, pero minutos más tarde, cuando a ella le leyeron formalmente el cargo por asesinato en primer grado, él le lanzó una mirada fulminante, de esas que generan un temor difícil de ignorar.

Yolanda se declaró no culpable de asesinato intencional.

Inmediatamente comenzaron los argumentos iniciales de

las partes. Valdez expuso su versión de los hechos de una forma sencilla y fue directo al grano. Pero su voz tenía un tono monótono, no añadió toques dramáticos, ni le puso pasión a sus palabras. Creo que por eso el jurado se aburrió. Uno de los doce miembros del panel cabeceaba del sueño. El fiscal describió la muerte de Selena "como un simple caso de asesinato". La víctima había muerto desangrada, porque el tiro que le dio Saldívar, le cercenó una arteria principal en dos. Concluyó diciéndole al jurado:

—Juntos, vamos a comenzar una travesía en busca de justicia. —Mientras él hablaba, noté cómo Juanita Saldívar, la mamá de Yolanda, rezaba en voz baja.

Cuando Tinker comenzó a hablar los miembros del panel se despertaron. Su narrativa y énfasis en las palabras eran las de un locutor profesional relatando la trama de una película de intriga. Según él, el protagonista del film era Abraham Quintanilla. Presentó al padre de Selena como un hombre controlador y dominante, ambicioso de riqueza y poder, que sacó a su hija del colegio para hacerla cantar en barras y clubs nocturnos, con el solo objeto de hacer dinero. Destacó que Quintanilla era tan tirano que hacía vivir a su familia entera en una especie de "compound" —un campamento típico de las sectas religiosas, al estilo de David Koresh— para vigilarlos mejor (todos los Quintanilla vivían en casas contiguas que compartían una misma cerca). De esta forma, Tinker pintó el ambiente familiar como asfixiante, y la actitud de Selena, como la de una joven que luchaba por independizarse. El abogado sostuvo que la cantante deseaba romper con la tutela paterna, y abrir sus propios negocios. Para ello contó con la ayuda de Yolanda Saldívar, a quien por esta razón, Quintanilla amenazó de muerte.

Miré hacia la banqueta donde estaban sentados los Quintanilla. El abogado defensor seguía haciendo graves acusaciones, y allí estaba Abraham, visiblemente molesto, haciendo gestos de burla e incredulidad. Estaba comiéndose.

La defensa repitió lo dicho en las audiencias de Corpus: lo que sucedió en el Days Inn "había sido un lamentable accidente". Según Tinker, al escuchar el disparo Yolanda salió tras su amiga para socorrerla y se subió a la camioneta para buscarla en los alrededores del motel. Cuando el abogado concluyó su argumento, A.B., el hermano de Selena, que también estaba en la sala, tenía una mirada de indignación y meneaba un pie de un lado a otro, como cuando a uno le molesta una piedra dentro del zapato.

Llegó la hora de que la fiscalía llamara a su primer testigo y el elegido fue Abraham Quintanilla.

Con su firmeza habitual y sus inseparables gafas oscuras, el padre de Selena subió al estrado. Se le pidió que pusiera su mano derecha en alto y de esa forma juró decir la verdad, por Dios Nuestro Señor. Hubo un instante de silencio, donde se hubiera podido oír la caída de una aguja. Valdez, con un tono suave, casi paternalista, comenzó a interrogarlo. La dureza que Quintanilla acostumbra proyectar de repente se desmoronó cuando el fiscal le enseñó una foto de su hija y le pidió que la identificara. De ahí en adelante, a Quintanilla se le quebró la voz y todos percibimos su desgarrador dolor de padre. Se puso tan nervioso que no pudo recordar fechas importantes, como por ejemplo la del casamiento de su hija con Chris.

Luego, y sin que pareciera venir al caso, el fiscal hizo una serie de preguntas que asombraron a todos.

—¿Tuvo usted relaciones sexuales con la acusada? —inquirió Valdez, a lo que recibió un no rotundo de Quintanilla.

—¿Usted violó a la acusada? —continuó el fiscal.

—¡Claro que no! —respondió con cierta sorna.

En ese momento nadie entendió la importancia de ese interrogatorio, pero se aclararía, días después.

Finalmente, el fiscal tocó uno de los puntos más polémicos: el supuesto robo de dinero del fan club. Con total convicción, Quintanilla aseveró que Yolanda Saldívar era una ladrona. Valdez le pidió a su testigo que identificara en la sala a la persona que estaba acusando. Firmemente y con una rabia incontenible, Abraham apuntó con su índice a Yolanda. En ese momento, ella se levantó de su asiento, lentamente, sin quitarle los ojos de encima. Fue un gesto de desafío, quería que todos la vieran, como para dejar en claro que no le temía a Quintanilla y que no tenía nada de que avergonzarse.

Tinker tomó la palabra y le pidió a Abraham que explicara por qué no había presentado los archivos financieros del fan club, si estaba acusando a su clienta de malversación de fondos. Los dos hombres se enfrascaron en una discusión, en la que Abraham, a la defensiva y tenso, interrumpió varias veces al defensor, alzando la voz. Fue esta ocasión una de las pocas veces en que el juez Westergren tuvo que pedir orden, haciendo callar a Quintanilla.

Luego vino el viudo de Selena. Chris se veía ojeroso, desmejorado. Declaró que tanto su esposa como él no confiaban en Yolanda Saldívar desde mucho tiempo antes del crimen. Miré a María Elida y la vi pestañeando rápidamente, como cuando alguien no puede creer lo que están viendo sus ojos. Para ella, en ese momento, Chris se cayó del pedestal.

Más tarde, testificaron Kyle Voss y Mike McDonald, empleados de la tienda y club de tiro A Place to Shoot en San Antonio, donde Yolanda compró el revólver. Ellos contaron que cuando la acusada fue por primera vez a verlos dijo que era enfermera y que necesitaba un arma para protegerse porque un familiar de uno de sus pacientes la estaba amenazando. Ese día ella dejó un depósito y regresó dos días más tarde a pagar el balance y recoger el revólver de calibre .38. Ellos le enseñaron a la extraña clienta cómo disparar el revólver, porque notaron claramente que no sabía cómo manejarlo. Dos días después, Yolanda volvió a la tienda para devolver la arma porque supuestamente su padre le había regalado otra. Increíblemente, once días más tarde, Saldívar regresó por última vez para volver a comprar el revólver. Era el 26 de marzo, sólo cinco días antes de la tragedia en el Days Inn.

Durante el contrainterrogatorio a Mike McDonald, la defensa logró que el testigo admitiese que cuando una persona jala hacia atrás el martillo de un revólver calibre .38, como lo hizo Yolanda cuando supuestamente iba a suicidarse dentro de la habitación 158, el arma se puede disparar casi con sólo tocarla. De hecho, explicó que apagar la luz de un cuarto requiere de más esfuerzo que disparar ese arma en esas condiciones.

Esa tarde, a la salida de la sesión, Tinker prometió públicamente que en sus argumentos, bajo ningún concepto, se arrastraría por el fango el nombre de Selena. Fue una jugada decente, pero más que nada inteligente; el fervor hacia la mèmoria de Selena era tal, que a estas alturas se le veneraba en la calle como una santa. Decir algo en contra de su reputación hubiese sido un acto suicida.

El día siguiente fue muy malo para la defensa. Ese jueves testificaron empleados del Days Inn, las enfermeras que atendieron a Yolanda por la supuesta violación y algunas trabajadoras de la boutique. El momento más impactante fue cuando el conserje del hotel, Trinidad Espinoza, dijo haber visto a Selena salir corriendo de la habitación y a Yolanda detrás de ella, apuntándole con el revólver por la espalda. Espinoza detalló en el plano del motel desplegado en la sala la ruta por la que, supuestamente, la acusada persiguió a su víctima y relató cómo vio a Saldívar detenerse de repente, bajar su pistola y con una frialdad asombrosa, volver a su habitación.

Las palabras del conserje hipnotizaron al jurado. A todos en la corte se nos heló la sangre, pero nadie reaccionó como la madre de Selena. Marcella Quintanilla no pudo soportarlo y al borde de un desmayo tuvo que abandonar la sala. Poco después, fue internada en un hospital con dolores en el pecho y calambres en un brazo, debido a una abrupta subida de presión.

A Trinidad Espinoza le siguió Norma Marie Martínez. La ex-mucama del motel vio lo mismo que había visto el conserje, pero agregó algo inesperado: el factor sonido. Norma Marie dijo haber escuchado cómo Yolanda le gritaba "puta" a Selena, mientras la perseguía con pistola en mano. Su testimonio le dio una dimensión aún más dramática a la terrible escena que todos ya estábamos visualizando en nuestras mentes.

Lo curioso es que esta versión de Norma Marie era distinta a la que presentó meses antes frente a nuestras cámaras de *Primer Impacto*. Si recuerdan, en aquel entonces ella sostuvo que Yolanda persiguió a Selena y que la víctima gritaba por ayuda. Pero nada dijo de la mala palabra. Tampoco se lo mencionó a la policía en un principio.

La fiscalía trató de explicar esa discrepancia como mejor pudo. Según Valdez, la testigo omitió la palabrota en sus primeros testimonios por puro recato: le daba vergüenza expresarse de esa forma ante los oficiales y más todavía por televisión.

Sea como sea, la alegación de Norma Marie era demasiado fuerte como para que Tinker se quedara callado. Le pidió a la mucama que estableciera el lugar exacto donde se encontraba cuando todo sucedió y cuando ella lo señaló en un diagrama, el abogado puso en duda hábilmente que ella hubiese podido escuchar lo que alegaba, estando a una distancia tan considerable de la habitación 158. Más adelante, Tinker presentaría a otra testigo que también refutó esa versión de Norma Marie.

En la tarde siguió el desfile de testigos de la parte acusadora. En primer lugar, las empleadas de la boutique Selena Etc. afirmaron que su patrona estaba cuestionando a Yolanda por lo mal que andaban las finanzas. Celia Solís, la manicurista de Selena Etc., dijo que la cantante le confesó la tarde antes de su muerte que iba a despedir a Saldívar tan pronto obtuviese unos documentos financieros que ella tenía en su poder.

Después le tocó el turno a la enfermera que atendió a Yolanda en el hospital, temprano en la mañana, el 31 de marzo. Patricia Biggs dijo que no pudo determinar si la paciente había sido víctima de abuso sexual o no, ya que no se le practicó un examen vaginal. La supuesta violación había tenido lugar fuera de Corpus, en otro país, y Yolanda era residente de San Antonio. Si ella deseaba hacerse un estudio ginecológico y radicar una denuncia, debía hacerlo en San Antonio o en México.

Patricia Biggs contó que durante la cita médica Yolanda dijo que había sangrado poco. Selena se molestó porque su amiga le había dicho anteriormente a ella, en privado, que estaba sangrando en grandes cantidades. Al darse cuenta de lo que estaba pasando, el personal médico pensó que Yolanda estaba mintiéndole a la cantante sobre su condición.

En el contrainterrogatorio, Tinker le pidió a la enfermera que describiese el estado de ánimo de su defendida en el hospital. La profesional médica señaló que Yolanda casi no hablaba, tenía la cabeza baja, sólo miraba al piso y parecía deprimida.

—¿No son esos síntomas de depresión consistentes con los de una víctima de abuso sexual? —preguntó el abogado, a lo que la testigo respondió afirmativamente. La defensa se apuntó una.

Karla Anthony, otra trabajadora del centro médico que testificó después, recuerda que Yolanda estaba encogida, en posición fetal. Ella destacó que la acusada tenía marcas rojas en el cuello y los brazos aunque, en su opinión, no se asemejaban a los golpes de un bate de béisbol, que era la forma en que Yolanda aseguraba que había sido atacada.

La fiscalía presentó como evidencia la ropa de Yolanda alegadamente destruida a raíz de la supuesta violación. En el instante en que vio las prendas, Juanita Saldívar pareció envejecer una eternidad. La pobre señora se vio más anciana que nunca y tuvo que abandonar la sala, porque no aguantaba más.

Pero el fiscal no se inmutó y procedió a mostrar físicamente cómo, en su opinión, los pantalones y la camisa no lucían desgarrados como normalmente quedan a raíz de un ataque, sino deshilachados, como cuando alguien los corta adrede con una tijera. La idea era mostrar que Yolanda no sólo se inventó lo del supuesto abuso, sino que planeó todo para que pareciera cierto.

En los análisis que hicimos en el programa de esa tarde, todos coincidimos en que los testimonios del día fueron letales para la defensa. Pero ninguno como el de Trinidad Espinoza. El conserje del motel con sus claros detalles de la persecución impactó al jurado, pero además su estilo sencillo, humilde y su mirada honesta le daban mucha credibilidad. Él no tenía nada que ganar, ni que perder, dando su versión de los hechos.

No hay duda que el siguiente día, un viernes 13, fue de mala suerte para la defensa. La fiscalía llamó a testificar a otros empleados del Days Inn. Ellos pintaron un patético cuadro de lo que, tal vez, fueron los últimos momentos de la cantante. La asistente del gerente, Rosalinda González, relató al jurado cómo "Selena entró a la recepción sangrando, agarrándose el pecho". Cuando se le preguntó quién le había disparado dijo "la muchacha en el cuarto 158". Rubén de León, gerente de ventas del hotel, describió una escena similar. Cuando se le preguntó quién le había disparado, Selena contestó "Yolanda, Yolanda Saldívar, la del cuarto 158". Shawna Vela, que en esos días trabajaba en el motel como recepcionista, dijo haber oído lo mismo que los anteriores testigos, pero agregó que poco antes de que Selena se desplomara la escuchó gritar "¡Pónganle seguro a la puerta!". Supuestamente, Shawna le preguntó a la cantante "¿Por qué?", y Selena le contestó: "¡Porque si no me va a disparar de nuevo!". Estas palabras eran claves porque la víctima, antes de morir, nos estaba diciendo que la estaban tratando de matar *con intención*. La intención es necesaria para la convicción de asesinato en primer grado. El testimonio de Shawna congeló a los presentes, especialmente cuando dijo "vi tanta sangre que sentí náuseas... Selena cayó al piso... llamé al 911".

Sin embargo, hay una mosca en la pomada. Shawna Vela dijo haber llamado al número de emergencia 911, pero en la grabación se escucha claramente el ruido que ella hizo cuando buscaba rápidamente en los archivos de la recepción para averiguar quién estaba quedándose en el cuarto 158. ¿Por qué Shawna hizo eso, si supuestamente ella y los demás presentes escucharon a Selena nombrar a la supuesta asesina? ¿Estaba mintiendo?

La fiscalía intentó explicar esas inconsistencias con sentido común.

—A veces cuatro personas en un mismo cuarto ven y/o escuchan lo mismo, pero de forma diferente —dijo el fiscal Skurka, que condujo parte del interrogatorio.

Alguien que vio algo totalmente diferente fue Sandra Avalos, otra ex-mucama del motel. Ella dijo haber visto a Yolanda correr tras Selena, pero la mujer que ella describió al ser cuestionada por la policía no se parece en nada a la acusada. Durante el contrainterrogatorio de la defensa salió a relucir que según Sandra, la mujer que perseguía a la cantante era de mediana estatura y se pintaba el pelo rubio porque era visible que le habían crecido un poco las raíces del cabello. La sospechosa que ella vio necesitaba un tinte. Saldívar tiene el pelo oscuro y es diminuta. Apenas mide cuatro pies con nueve pulgadas de estatura.

El día terminó con la presentación del paramédico que auxilió a Selena en el motel. Richard Frederickson declaró:

—Le arranqué la ropa buscando la herida y le vi un hueco en el pecho —explicó que sus venas estaban secas. Ya en la ambulancia, él fue el que descubrió el misterioso anillo que cayó de la mano de la cantante: el huevo Fabergé.

La primera semana del juicio llegó a su fin. La fiscalía había sido la protagonista indiscutible, cubriendo a su favor gran parte de "la travesía en busca de justicia". Con su testimonio, el padre de la víctima había puesto en duda la honradez de Yolanda, las versiones de los funcionarios del Days Inn daban la sensación de un crimen a sangre fría y el testimonio del paramédico dio el toque dramático y, en cierta forma, morboso, sobre la agonía de la víctima. Eran acusaciones muy difíciles de ignorar.

Al final de esa primera semana ya estábamos todos agotados. Nuestro equipo producía cada hora uno o más breves noticiosos, dos programas para la edición regular de *Primer Impacto*, uno para la costa este y otro para la costa oeste y una edición especial con el análisis del día que era transmitida cada noche. Yo me dividía entre la corte y todas esas transmisiones en vivo. Las horas del día no daban. El viernes agarré un vuelo relámpago a Miami para ver a mi familia. Fue un mini-maratón, pero al menos me desconecté un poco. Regresar a casa para estar con Manny —mi esposo— y Bella y Chula —mis perritas— fue para mí un oasis, aunque las tensiones de esa cobertura me persiguieron hasta allá, con consecuencias cómicas.

En medio de la preparación de los programas, de la locura previa a mi partida, tuve que pintar el exterior de mi casa. Usualmente, elijo el color y superviso la obra a diario, para evitar el error tan común de elegir un tono de pintura muy bonito en el papel, pero poco convincente en las paredes. Pensé que un tenue melocotón era el indicado y Manny lo dejó en mis manos para complacerme. En el mareo de los días previos a la cobertura, pude ver "la obra" tan sólo en las noches, vencida por el cansancio. A mi regreso de Houston, noté la verdadera dimensión de la tragedia. Mi casa era una calabaza gigante con tallo y todo, porque para colmo las ventanas son verdes. ¿Moraleja? Jamás pinte su casa mientras esté enredado con otra cosa importante.

Aunque ahora necesitaba lentes oscuros para verlo, mi hogar fue la mejor terapia contra el estrés. Trabajar bajo tensión, o casi vivir, durante cuatro semanas dentro de un tráiler de transmisión, comiendo y pensando, rodeada de cables y computadoras, durmiendo tres o cuatro horas diarias y soportando las tensiones cotidianas, puede enloquecer a cualquiera. Para lidiar con esa vida anormal, las cuarenta personas que Univision había acreditado a la cobertura pusimos las fotos de nuestros seres queridos en un inmensa cartelera. Ese gigantesco collage de padres, madres, hijos, esposas, novias, nietos, novios y, como en mi caso, también perros, se transformó, casi, en un altar. Pero nunca pudo sustituir el calor real de nuestra gente más querida.

De regreso a Texas, no sólo la búsqueda de información y la preparación de los programas consumían mis esfuerzos. Una gran parte del tiempo la dediqué a atender las muestras de cariño del público. Yo me turnaba con mi colega presentadora del Noticiero Univision, María Antonieta Collins, para saludar a nuestros televidentes, que se conglomeraban para conocernos. Aún así no dabamos abasto. Recibíamos de todo y a todos. Los regalos más diversos, los poemas de amor más increíbles, preguntas profundas o ligeras sobre el juicio, el programa o sobre nosotras mismas. Y, por supuesto, los infaltables autógrafos. Firmé camisetas y pósters de Selena, lo que, sin duda, para mí era un honor. Las personas me ofrecían lo más preciado que tenían en ese momento, la imagen de su ídolo, para que yo se la autografiase. También estampé mi nombre en camisas, gorras y hasta en las ropitas de los bebés. Yo les decía:

—Es que no quiero dañarle el pantaloncito... —Pero los padres insistían: "Si para eso lo trajimos, para que lo firmaras y guardarlo de recuerdo". ¡Me hicieron sentir tan especial!

Posé en cientos de fotos, con cientos de televidentes. Cada vez que podía tomarme un par de minutos de mi trabajo, yo iba a saludar a nuestro público, pero no siempre podía escaparme. Por eso, algunas personas esperaban horas, hasta que yo terminaba con las transmisiones, para conocerme. La situación llegó a tal extremo que me seguían cuando yo salía de la sección de prensa que estaba acordonada para maquillarme y cambiarme de ropa en la casa móbil que alquilamos para esos efectos. Ellos se asomaban por todas las rendijas y yo estaba paranoica cerrando cada cortina para que no me agarraran desvestida o en el baño. Algunos retratos me llegaron más tarde por correo, un grato recuerdo de esos días. ¡Y por suerte ninguno clasificado X!

Nunca me sentí digna de tanto cariño, al contrario, siento que yo les debo a ellos. Así que les doy las gracias de la manera más sincera, a través de estas líneas. Después de tantos años en televisión todavía me sorprendo del impacto, el alcance y el poder de este medio. Hoy en día paso la mayor parte del tiempo encerrada en el estudio hablándole a una cámara fría e impersonal, sólo en compañía del equipo técnico, lo que hace difícil concebir que en ese mismo instante te están viendo millones y millones de personas. Por eso le hablo a los que están al otro lado del lente como si estuviese conversando con mis amigos camarógrafos y cuando nos vemos en la calle el contacto es ameno; se sienten que me conocen y yo a ellos. En Houston eso fue evidente.

———

La segunda semana del juicio tuvo todos los elementos de una telenovela: acusaciones de violación, amenazas de muerte, intento de suicidio, estrategias, sorpresa y alegaciones de conspiración policial.

Ese lunes 16 de octubre comenzó con un bombazo. Fuimos transportados a la camioneta donde Yolanda se atrincheró, mediante las cintas de audio de sus negociaciones con la policía. El vehículo tenía instalado un teléfono celular, lo que permitió que las autoridades se comunicaran con ella y grabaran las conversaciones.

Cuando se escuchó el "click" de la grabadora, el silencio se impuso. Estábamos ante uno de los momentos cruciales del juicio. A Yolanda la voz le salía de las entrañas en una agonía casi intolerable, que inundó el recinto:

—¡Me voy a matar, no quiero seguir viviendo! —Su aullido también se escuchaba en los tráilers de prensa que estaban equipados con bocinas especialmente adaptadas para oír lo que pasaba en la corte. Era espeluznante.

Larry Young, uno de los oficiales a cargo de calmarla para que se entregara, utilizó desde el principio una y mil estrategias para hacerla desistir de su intento de suicidio. Con voz paternalista le suplicaba que se quitara el revólver de la sien.

—¡No puedo, no puedo! —chillaba Yolanda. El agente le recordaba a sus seres queridos para distraerla, pero ella estaba ofuscada.

—Voy a halar el gatillo, ¡ahora mismo! —amenazaba. Larry le advirtió que con eso sólo terminaría por destruir a sus padres.

Yolanda pidió hablar con su mamá por última vez, para

despedirse y pedirle perdón. Lo puso como condición para soltar el arma. Pero el agente le explicó que él le estaba hablando desde una especie de "Walkie Talkie" y que a través de ese aparato le era técnicamente imposible hacer otra llamada y ponerla en conferencia. Para sus adentros, él seguramente también pensó que podía ser un truco de Yolanda y que si ella hablaba con su madre, era capaz de volarse los sesos una vez finalizada la conversación. Por eso, le prometió que si se entregaba, él personalmente la comunicaría con su familia desde un teléfono regular.

—No quiero que nadie me vea, ni mis amigos, ni la prensa... ¡Quiero que saques a todo el mundo de aquí! ¡Estoy tan avergonzada! —decía la sospechosa.

—Yolanda, tú puedes rehacer tu vida, la gente comete errores y comienza de nuevo.

—No puedo porque hice, hice algo tan vergonzoso que no merezco permanecer en este mundo —decía llorando a lágrima viva.

El intercambio era cada vez más agobiante. El policía le hizo un llamado a su fe.

—¿Crees en Dios?

—Sí, pero aunque él [Dios] pueda perdonarme, no creo que yo pueda perdonarme a mí misma. Me quiero moriiiiir. —Su grito se extendía hasta que no le quedaba un soplo de aliento, como si fuera el aria final de una ópera. Larry le pidió que soltara el revólver, ella le dijo que no tenía intención de hacerle daño a nadie, sólo a sí misma.

El oficial trató de darle apoyo, de ganársela con palabras de afecto:

—Bebita... déjame darte mi fuerza... Sé que estas agotada... —pero de nada valía.

—Tengo la cosa esa [el martillo] hacia atrás... lista para disparar... ¡lo voy a hacer ahora mismo! ...pídele a los policías y a todo el mundo que me perdonen por todos los problemas que les he causado.

—¡No lo hagas, Yolanda! —le advertía él.

Sólo se escuchaban los gemidos de Yolanda. Larry repetía su diatriba aprendida en la escuela de la policía para lidiar con situaciones como ésta. Le prometía que al momento de entregarse la cubriría con una chaqueta para que las cámaras de televisión no pudieran filmarla y que podría hablar con su abogado, como ella deseaba, tan pronto se rindiera. En momentos como ése, las conversaciones parecían adelantar un poco. De hecho, en varias ocasiones pensaron que la tenían convencida para que se bajara de la camioneta. Pero al último minuto ella se arrepentía o le daba un ataque de pánico. En una de esas, Yolanda ya tenía un pie fuera, pero cuando los oficiales prendieron unos potentes reflectores de luz para alumbrar el área, ella se asustó.

Y es que la noche había caído en Corpus Christi. Una fuerte lluvia cubría la escena. El oficial Isaac Valencia, la mano derecha de Larry Young, intervino para prometerle a Yolanda que si salía de la camioneta a las siete en punto de la noche, él se encargaría de que apagaran los reflectores para que nadie la viera. Yolanda dejó el arma en el asiento de la camioneta y salió. Pero los agentes especiales volvieron a complicarlo todo. Cuando Yolanda los vio armados sintió terror y volvió a meterse dentro de la camioneta gritando:

—¡Ellos llevan armas, ellos llevan armas! ¡Me van a matar, me van a matar!

Encontré curioso que alguien que hasta ese momento había amenazado con suicidarse más de 270 veces sintiera pavor de que la fueran a matar... pero imagino que sólo el que ha pasado por eso puede entender su lógica, o la falta de ella. El caso es que por más que Valencia y Young trataron de hacerle entender que los oficiales estaban armados como parte de su trabajo y de que nadie le haría daño, ella no quiso volver a salir. Todo volvió al punto cero.

—Esto es muy doloroso para mí, Larry... No quiero seguir viviendo, ¡pero no sé cómo jalar este gatillo!

Una vez más, Larry comenzó a suplicarle que no lo hiciera y la consoló con palabras afectuosas. Yolanda estaba extenuada, tenía calambres en las manos luego de tantas horas aguantando el teléfono y el revólver, sus únicas armas de defensa contra el mundo y contra ella misma. Momentáneamente, puso el arma sobre el asiento.

Pero algo inesperado pasaría después. Por culpa de una de esas interferencias que típicamente sufren los teléfonos celulares, Yolanda escuchó una transmisión radial en la que informaban que Selena había muerto y se desesperó aún más. Le recriminó a su "amigo" Larry el que no hubiera sido sincero con ella y le escondiese el trágico desenlace de la cantante, pues anteriormente ella había expresado que quería ir a ver a Selena al hospital. El oficial Young trató de justificarse diciendo que él no estaba al tanto de lo que pasaba en el centro médico y le aconsejó que no creyera en todo lo que decía la radio.

La noticia la llevó a ponerse, una vez más, el revólver en su sien. Lo terriblemente irónico es que, en ese preciso momento, la estación de radio que se filtraba por el teléfono de Yolanda comenzó a transmitir el tema central de la serie *M*A*S*H*. La canción se titula "El Suicidio No Es Doloroso".

Tal vez, ése fue su momento más difícil. Yolanda diría más tarde:

—Quiero morir después de lo que le he hecho a mi mejor amiga... Estoy tan arrepentida... Siento tanto que esto haya ocurrido... Ellos me llevaron a esto... Dios sabe cuánto hice por ayudarla... Ella y yo éramos más que amigas. Eramos hermanas... He perdido a la única amiga que he tenido en toda mi vida.

—Yo sé que estás sufriendo... lo que yo no entiendo es por qué te quieres quitar la vida —decía Larry.

—Porque a mí ya no me querían... me estaban amenazando...

—¿Quién te está amenazando? —la interrumpió el oficial.

—El padre de mi amiga. Él amenazó con matarme... Él le vació dos de las llantas a mi auto... le dio dos disparos a mi carro... tuve que buscar protección... tuve que irme a vivir con mis padres a San Antonio... pero hasta allá él me siguió amenazando... todos los días... no me quería junto a su hija.

Yolanda siguió asegurándole al oficial que ella sólo estaba tratando de ayudar a Selena, pero que Quintanilla lo malinterpretó todo. No explicó en qué consistía esa "ayuda". Le dijo a Larry que la magnitud de lo que estaba pasando, antes de la tragedia, era enorme, que tenía muchas cosas que decir, pero no podía.

Mientras yo escuchaba todo esto sentada en la corte, me preguntaba, ¿a qué se refería Yolanda? Poco imaginé que ella misma me confesaría, mucho después, que se trataba del "secreto".

Yolanda acusó a Quintanilla de haber convertido su vida en un infierno y de haber abusado sexualmente de ella.

—Él me metió un cuchillo en mi vagina... me violó hace como un mes y medio. Me dijo que no hablara con nadie o él me mataría... Me violó en mi apartamento... Larry, no tengo pruebas. Nunca fui al hospital. Nunca me hice ningún examen porque él me dijo... "Si hablas con alguien... voy a matar a tu familia". Él, él ha hecho otras cosas a otras personas, Larry...

Ahora entendíamos por qué el fiscal Valdez le había preguntado al padre de Selena cuando testificó el primer día del juicio, si alguna vez había abusado sexualmente de Saldívar; quería que lo negara de antemano sabiendo que ella lo acusaba en las grabaciones. Todo estaba cayendo en su sitio.

En la cinta se escucha claramente cómo Larry, para evitar que Yolanda se suicide, aparenta estar de su parte y promete ayudarla:

—Si te haces daño, ¿cómo podremos hacer algo en torno a Abraham? La única forma de hacer algo es contigo presente... Tenemos que investigar a Abraham. Me hubiese gustado estar al tanto de esta situación antes.

Ella le respondió que en el pasado había llamado a la policía y a su abogado para denunciar a Quintanilla, pero nadie hizo nada al respecto. En un momento dado, Yolanda se notaba paranoica, miraba a todas partes y decía:

—¡Yo sé que Abraham está por aquí cerca y me va a matar!

Era irónico, Quintanilla no estaba para eso, él había corrido al lado de su hija agonizante y lo menos que le importaba en la vida era la suerte de Yolanda. Pero ahora, en la corte, sí estaba presente, a sólo unos pasos de ella.

Yolanda también le dijo a Larry:

—Ese hombre [Abraham] era tan malvado... Hasta mi papá me lo advirtió. Él me dijo "Salte de eso, Yolanda, porque ese hombre va a tenderte una trampa". Yo nunca le hice caso a mi padre... ¡y mira ahora lo que ha sucedido!

El oficial Young aprovechó para mostrarse de su lado, en otro intento por convencerla de que se bajara del vehículo:

—Nosotros no vamos a permitir que él [Quintanilla] te haga daño... pero no podemos ayudarte si no te dejas ayudar, anda, baja el revólver...

Yolanda no obedecía. Larry puso en la línea temporalmente al oficial Valencia para ver si tenía algún éxito. Él le preguntó a Yolanda qué más le hizo Quintanilla. En ese momento, por primera vez comenzó a hablar en español y la voz comenzó a salirle a borbotones, como si sus palabras fueran un chorro de agua a presión tratando de salir por el pequeño agujero de su boca:

—Él [Abraham] me llevó a todo esto. Me echó de la casa, me echó de la vida de ellos... Selena me andaba escondiendo, no quería que su papá supiera...

Supuestamente, la cantante la hizo hospedarse en diferentes moteles para evitar que su padre la encontrara. Ella aseguró, que siguiendo las instrucciones de Selena, estuvo quedándose en el motel Bayfront Inn, luego en el Budget Inn y finalmente en el Days Inn. Me sorprendió la rapidez con que ella enumeró todos esos hospedajes en medio de su histeria, sin respirar. Si se lo había inventado, era capaz de mentir a la velocidad de la luz. Por eso, como dije antes, me encargué de investigar esas alegaciones personalmente. Descubrí que, en efecto, Yolanda había estado hospedada en todos esos sitios en las semanas previas a la muerte de Selena, y fue vista en compañía de la cantante en más de una ocasión.

Cinco de las nueve horas que duró el parapetamiento fueron grabadas y se escucharon en corte de principio a fin durante ese lunes y martes. Después de unas horas de negociaciones, algo interesante sucedió. En su afán por lograr que se rindiera, los oficiales Young y Valencia le dijeron a Yolanda que tuviese cuidado con el arma porque podía estar defectuosa y dispararse sin querer.

En ese momento, escuchamos por primera vez lo que según Yolanda pasó en la habitación 158.

—Yo traje este revólver para suicidarme, no para matarla a ella. Ella me dijo "Yolanda, no quiero que te mates". Estábamos hablando de eso cuando yo lo agarré y me apunté a la cabeza... en eso ella abrió la puerta. Yo le dije "Selena cierra esa puerta" y cuando le dije eso, el arma se disparó.

Cuando terminó de hablar, Valencia le dijo:

—Eso suena como que fue un accidente.

La fiscalía alega que con esos comentarios los oficiales, sin saberlo, le sembraron una idea en la cabeza a la sospechosa, le dieron una salida, pues ella repitió varias veces después que todo había sido un accidente. Pero para la defensa, aunque Yolanda no había verbalizado la palabra "accidente", sino hasta llevar varias horas parapetada, ella sí había dicho desde un principio que no tenía intención de hacerle daño a Selena. Esa tarde en la corte observé cómo la acusada se escuchó cabizbaja a sí misma. Mientras su voz salía de la máquina grabadora, le bajaban las lágrimas, una a la vez. Cuando en un futuro le pregunté si en ese momento lloró por sí misma, me contestó que su llanto era por Selena. Pero yo que la estaba viendo sé que probablemente lloraba por las dos.

Hubo un momento en el que Yolanda le pidió a Larry que rezara junto a ella. Así lo hicieron. Más tarde, ella expresó preocupación por la familia de Selena y lo que debían estar sufriendo. Dijo que eso incluía a Quintanilla también, pues a pesar de lo que le había hecho a ella, él seguía siendo un ser humano.

Larry, dueño de una paciencia muy especial, le explicó cuán sencillo era entregarse. Sólo tenía que soltar el arma y abrir la puerta, y él se reuniría con ella para cubrirla con una chaqueta y sacarla de allí. Ella accedió, pero no pensó que para caminar el largo trecho hasta la camioneta, Larry tendría que abandonar el teléfono. Al perder contacto con Larry, Yolanda perdió la seguridad en sí misma y comenzó a gritar descontrolada: "¿Dónde está Larry? ¿Dónde está Larry?" El terrible sonido que salía de su garganta retumbaba en las paredes de la sala "¡Larryyyyyyyyyyyyy!". Pasaron varios minutos que parecieron eternos, pues Yolanda no dejaba de preguntar por él. Lo hacía con tanta frecuencia y desesperación, que su angustia se le metió por dentro a todos los que escuchaban la grabación dentro de la sala. Valencia trató de explicarle lo que estaba sucediendo, pero no fue sino hasta que Larry regresó y volvió a tomar el teléfono que ella se calmó un poco.

Después de varios intentos más, a las 9:30 de la noche, Yolanda finalmente se entregó a las autoridades de forma pacífica y fue llevada al cuartel de la policía. En el Days Inn, todo había terminado.

Irónicamente, después de oír los alaridos de Yolanda por tanto rato, el incidente entre ella y el oficial se convirtió, entre los periodistas, en un chiste. Esa tarde, cada vez que alguien buscaba a una persona en la calle, gritaba en tono de broma "¿Dónde esta Larryyyyy?". El propio Larry no podía creer su repentina fama. Al día siguiente, como sucede en todos los juicios importantes, la frase estaba oficialmente comercializada y desde el amanecer había camisetas y botones a la venta que leían ¿DÓNDE ESTA LARRY?

En la corte, el fiscal Skurka llamó a testificar al oficial John Houston, otro policía que estuvo apostado en la escena del parapetamiento. Él narró cómo vio a Yolanda apuntarse a la cabeza con el revólver y hablar por el teléfono celular a la misma vez. El fiscal Skurka lo interrumpió abruptamente y le preguntó:

—¿Y mientras Yolanda hacía todo esto, cuántas veces se disparó el arma accidentalmente?

—Ninguna —respondió el agente.

Sin duda, un golpe muy eficaz.

Las primeras cuatro horas de negociaciones entre Yolanda y la policía no fueron grabadas. La versión oficial es que durante ese lapso de tiempo la fuerza policíaca se estaba movilizando a la escena del crimen y tomaba tiempo instalar el sofisticado sistema que se requiere para grabar las negociaciones. Pero Arnold, del equipo de la defensa, me dijo en una ocasión que tal vez hubo fragmentos de las cintas que fueron borrados o desaparecidos, porque durante esos minutos Yolanda habló sobre temas delicados.

Es poco probable que hubiera una conspiración a esos efectos, pero me consta que en esas horas fantasmas se mencionaron temas delicados que no salieron a relucir durante, ni después, del juicio. Un día, cuando estaba sumergida en la piscina de papeles de la corte, di con una nota interesante. Era uno de los papelitos que se pasaron los agentes para comunicarse entre sí cuando estaban negociando con la sospechosa. Es algo típico que hacen los oficiales en este tipo de situación, ya sea para no interrumpir la comunicación con la persona parapetada, para no dar la impresión que están titubeando o para indicarse los unos a los otros la línea de preguntas y/o temas en que quieren concentrarse para lograr la entrega.

El pedazo de papel en cuestión tenía en letras mayúsculas la palabra "aborto". No sabía en qué contexto la sacó a relucir. Meses después del juicio, llamé al oficial Larry Young a su casa y le pregunté directamente sobre el apunte. Me habló sobre lo que discutió con la entonces sospechosa antes de que la grabadora estuviese en operación. En esa ocasión, Yolanda le dijo que había sido abusada sexualmente no una sino dos veces, y que tras la primera violación se había tenido que practicar una terminación de embarazo. Él mismo admite que durante esas primeras horas que no fueron grabadas todo era muy confuso. Pero dijo estar convencido de que a esas alturas Yolanda no sabía que Selena estaba herida porque le preguntó repetidas veces si la cantante iba a regresar al motel. Aproveché ese momento de confianza entre los dos para preguntarle: "Larry, ¿qué crees que pasó realmente?", y me contestó sin titubear, "No fue un asesinato premeditado; disparó en un arranque y tal vez no con la intención de matarla".

Otro que creyó en la sinceridad de las palabras de Yolanda

fue un psiquiatra que contactamos en *Primer Impacto* durante el juicio. Tras escuchar parte de las grabaciones, ese experto en los misterios de la mente sostuvo en nuestro programa que es muy difícil que alguien pueda fingir en una situación como ésa: inesperada y de tensión extrema. Yolanda no había tenido tiempo de ensayar, y era claro que tenía el alma en carne viva. Según su diagnóstico, que fue superficial dadas las circunstancias, la voz que se oye, aunque desesperada y ansiosa, tiene coherencia. El psiquiatra hubiese preferido tener más tiempo y trasfondo para su análisis, por eso él se limitó a hablar en términos generales.

Las cintas fueron una bendición para la defensa. En ellas, Yolanda dio su versión de que todo fue un accidente sin tomar el banquillo de los testigos y sin ser contrainterrogada por los fiscales. Pero lo crucial es que las grabaciones humanizaron a Yolanda Saldívar. Al oírla llorar, gritar, pedir por Dios, rezar y arrepentirse, era muy difícil no conmoverse. Momentáneamente, la acusada dejó de ser un monstruo y se convirtió en un ser que siente y padece. Esa tarde, entrevistamos a varios miembros del público que habían estado presentes en la corte y para nuestra sorpresa, la mayoría dijo haber sentido lástima por ella.

En el programa de esa noche, nuestros asesores legales tuvieron una discrepancia. Castillo sostuvo que se debía investigar la denuncia de violación que Yolanda hizo contra Quintanilla. Rangel decía lo contrario: "Son sólo alegaciones. No hay prueba de ningún tipo". Tratamos de especular en torno a lo que podría estar pensando el jurado, pero en realidad era imposible saber qué pasaba por la mente de cada una de las doce personas que tenía en sus manos el futuro de Yolanda.

En la calle, la gente seguía teniendo una opinión clara en torno a la acusada. Un grupo de personas instaló en la acera un juego cuyo objetivo era clavarle un dardo en la nariz a una foto de Yolanda y cada vez que uno de ellos lograba dar en el blanco, todos gritaban al unísono en un tono burlón: "Ay, ¡fue un accidente!".

Al día siguiente, el miércoles 18, la fiscalía llamó a testificar a Robert Garza, el Texas Ranger quien había observado la confesión de Yolanda. Valdez quería adelantarse a cualquier estrategia de la defensa y neutralizar de antemano el testimonio. Pero eso no sucedió. Garza afirmó —al igual que en las audiencias preliminares de Corpus Christi— haber visto a Yolanda hacer gestos para explicar su intento de suicidio y declaró haberla escuchado decir que todo había sido un accidente. Esa declaración le quitó filo a la confesión de Yolanda, a esa daga que Valdez le tenía clavada a la defensa.

Luego le tocó el turno a Paul Rivera. Valdez repasó paso por paso con el oficial la manera en que se había llevado a cabo el interrogatorio a Yolanda, para demostrar que se había hecho de acuerdo a las regulaciones estipuladas.

Cuando Tinker se acercó al banquillo de los testigos para cuestionar al agente, pocos supieron cuán difícil fue ese momento para los dos. Yo sabía que eran amigos hacía muchos años, pero había surgido tanta tensión entre ellos a raíz de las audiencias en Corpus, que apenas se dirigían la palabra desde entonces. Durante el contrainterrogatorio Tinker repitió algunos de los mismos argumentos que presentó en Corpus para hacer ver que el agente tenía conflicto de intereses y no podía, por eso, ser objetivo con Yolanda Saldívar. Recordó que Rivera tenía un póster de Selena en su despacho y que su hermano había sido compañero de Abraham Quintanilla en el ejército. Pero esta vez añadió algo que para Paul fue como una puñalada en la espalda. Tinker reveló que el detective había tenido el mal gusto de llevarle a su oficina una camiseta de Selena, "regalo" de Quintanilla, insinuando que había sido con el propósito de ablandarlo.

Cuando hablé nuevamente con el detective Rivera, casi un

año después del juicio, me dijo que esa acusación le dolió en el alma, porque cuando le llevó la camiseta al abogado no tuvo ninguna mala intención y en su opinión, Tinker tergiversó en corte su amable e ingenuo gesto. Sonaba sincero y fue muy cómico. Cuando le pregunté cómo estaban las cosas entre ellos a esas alturas, me contestó: "Divinamente, imagínate que la Navidad pasada Tinker me mandó de regalo una botella de whiskey. Seguimos siendo amigos, igual que antes... ¡hasta acabo de testificar en un caso a favor de un cliente suyo!". El detective se echó a reir. Así pasa siempre con los que trabajan con la ley y el orden. Según el caso, se adoran o se quieren ver muertos.

Volviendo a aquel miércoles de octubre en Houston, durante el juicio... imagino que era uno de esos días en que Rivera quiso ver a Tinker sepultado diez pies bajo tierra. El abogado defensor, mediante hábiles preguntas, hizo ver que Yolanda firmó la confesión que la inculpaba porque Rivera la había presionado psicológicamente. Ella estaba agotada tras once horas sin comer, sin dormir, sin ir al baño, ni tomar agua, tras la traumática experiencia de la camioneta. Así mismo, Tinker le preguntó al oficial por qué no dejaron que su clienta viera a su familia sino hasta después de firmar la declaración. Paul Rivera no dio respuestas convincentes.

También, Tinker cuestionó por qué no se grabó el interrogatorio a Yolanda y por qué Paul Rivera destruyó las anotaciones que había realizado durante el mismo. Pero más importante aún, la defensa señaló que la policía no le proveyó a su clienta un abogado, a pesar de que así lo exige la ley y de que en las grabaciones de la camioneta se oyó claramente a los oficiales ofrecerle a Yolanda asistencia legal a cambio de que se entregara. Quedó la impresión de que la policía estaba escondiendo algo.

Sorprendentemente, el juicio estaba dando un leve giro a favor de la acusada. Las grabaciones habían humanizado a Yolanda y ofrecieron su testimonio directo. La apariencia dudosa de la forma en que actuó la policía tampoco ayudaba a los fiscales. La gente en la calle que quería ver a Yolanda condenada, comenzó a preocuparse. Inclusive un guardia de la corte me dijo en secreto: "Después de ver la evidencia, creo que la acusada es inocente". ¿Estaría el jurado pensando de igual forma? Tinker estaba efectivamente martillando la teoría de la conspiración policial.

Rangel puso en perspectiva lo que estaba pasando:

—El ataque a la policía es un paso táctico de Tinker, para desviar la atención de la acusada. De una manera muy efectiva, la defensa ha transformado a Saldívar de agresora a víctima de los agentes policiales. Este debió haber sido un gran día para la fiscalía, pero terminó mal, pues ahora no sabemos si la confesión que firmó la acusada tiene tanto poder como antes.

Para Castillo había gato encerrado. Según él, "se vio claramente que la policía está colaborando con el fiscal y no quiere contestar bien las preguntas de la defensa". Coincidió con Rangel en que Yolanda pasó al plano de víctima y agregó su punto de vista:

—Se ve muy mal la forma en que la policía hizo las cosas. Se cometieron muchos errores de procedimiento. Huele a rata podrida. Y sobre Paul Rivera dijo:

—Él pensó que además de policía era juez y jurado de Yolanda porque la juzgó culpable desde el primer momento. Por eso obvió sus derechos.

Ambos analistas coincidieron en que este juicio era muy cambiante, que iba para arriba y para abajo, como una montaña rusa.

Fue curiosamente después de esa jornada, en que la defensa había tenido indiscutiblemente su mejor día, que apareció en escena La Mafia Mexicana, una de las pandillas más poderosas del sistema penal estadounidense. Durante la conferencia de prensa luego de las sesiones, Tinker dijo haber recibido una amenaza de muerte contra él y su familia. La advertencia le había llegado por correo, mediante una tarjeta postal firmada por la pandilla. Nunca se explicó por qué La Mafia Mexicana planeaba "eliminar" a Tinker, pero imagino que entre los miembros de ese grupo tiene que haber muchos admiradores de Selena. Lo que no entiendo es por qué esa pandilla amenazó después a la fiscalía. Valdez dijo haber recibido también una carta similar del mismo grupo, aunque tampoco dio detalles. El fiscal se portó como todo un caballero cuando, refiriéndose a las amenazas hechas contra su rival, Tinker, dijo:

—Yolanda Saldívar tiene derecho a estar representada por un buen abogado... y lo tiene. —Aunque ambas partes hicieron ver públicamente que eran gajes del oficio, sé que en privado, a puerta cerrada, estaban preocupados y tomaron las amenazas muy en serio.

Los estudios callejeros que Univision instaló junto a la corte para realizar todas las transmisiones estaban justo al lado del de *Ocurrió Así*, el programa de Telemundo que se transmite a la misma hora que *Primer Impacto* y se supone compite con nosotros. Sólo nos dividía una lona, por lo que podía escuchar casi todo lo que se decía allá y viceversa. Por ejemplo, a veces entre comerciales, oí a Enrique Gratas, el presentador de la competencia, hacer comentarios abstractos como "mañana la fiscalía va a presentar una serie de testigos aunque no se sabe aún cuántos exactamente...". Cuando volvíamos de los anuncios, yo llenaba los blancos porque a mí la información me sobraba: "Mañana la fiscalía tiene programados unos cinco testimonios entre los que están el médico forense y personal del hospital donde murió la cantante". Mi equipo completo compartía este espíritu competitivo y nos reíamos cuando escuchábamos los gritos al lado tras enterarse de lo que habíamos hecho. Por ahí conocí a Enrique Gratas personalmente, pues, a pesar de estar compitiendo, nunca nos habíamos visto. Yo tenía cigarrillos pero no fuego y él tenía fuego, pero no cigarrillos, de manera que hicimos un canje cordial, y tuvimos una conversación corta y amable. Después de la última inhalada, volvimos a la realidad para seguir con nuestro trabajo.

En el noveno día del proceso, la fiscalía apeló a golpes de efectos dramáticos, pero certeros, para impactar al jurado. Los testimonios de ese jueves giraron alrededor de los diagnósticos médicos sobre la agonía de Selena.

Louis Elkins, el cirujano que atendió a la cantante en la sala de emergencia junto al doctor Vicente Juan, dijo que a su llegada Selena estaba clínicamente muerta:

—No había evidencia de actividad neurológica, la sangre no estaba llegando al cerebro, sus pupilas estaban dilatadas y fijas, no respiraba, no presentaba signos vitales.

Los detalles que describió a continuación conmovieron al más fuerte. Selena tenía el pulmón derecho destruido y las venas prácticamente vacías. Le abrieron el pecho, en un intento desesperado por salvarla, pero hasta las transfusiones de sangre fueron en vano. En un último intento, la llevaron al quirófano.

Cuando le preguntaron al médico si Quintanilla había mandado a detener las transfusiones por razones religiosas, dijo que él no tenía conocimiento de ello. Explicó que en todo momento le dieron transfusiones a la víctima, pues la única persona que pudo haberlo detenido era la propia Selena y ella permaneció inconsciente todo el tiempo. Pero fue claro en establecer que toda la sangre del mundo no hubiese podido revivir a la cantante.

Más tarde, salió a relucir en los archivos del hospital que, en efecto, el padre de Selena pidió que dejaran de pasarle sangre a su hija porque iba en contra de las creencias de los Testigos de

Jehová. Aparentemente, esa orden nunca llegó a los oídos del especialista.

Durante el contrainterrogatorio, la defensa cuestionó por qué Quintanilla estaba tomando decisiones en torno a la salud de la cantante, cuando por ley eso le correspondía a su esposo, a Chris. Fue un golpe bajo, y seguro causó un efecto negativo en el panel. Nadie va a juzgar a un padre con una hija moribunda, ni las creencias religiosas de una familia en medio de una crisis.

Ese mismo día se presentaron las explícitas fotos de la autopsia. Selena no parecía estar muerta, sino dormida. Su cuerpo estaba intacto, perfecto. Lo único que parecía fuera de lugar era un diminuto hoyo en su espalda, sitio por donde entró la bala. Por respeto a los familiares, esa tarde en el programa no hablé sobre los grotescos detalles que dio el médico forense como parte de su trabajo. Tampoco lo haré ahora. Pero sí les contaré que aún cuando el perito, Lloyd White, fue muy profesional y se esforzó en presentar sus hallazgos de una forma fría e impersonal para no herir las sensibilidades de nadie, en la sala, todos nos quedamos acongojados. Una integrante del jurado no pudo contenerse y se echó a llorar. Hubo que detener la sesión por unos segundos en lo que le alcanzaban un pañuelo a la mujer para que se soplara la nariz. Yolanda, que estaba impávida, como lo estuvo durante gran parte del juicio, bajó la cabeza en ese momento. Todos habíamos visto las pruebas palpables del crimen. Ya la muerte no era una idea abstracta.

El informe del forense indicó que Selena no estaba embarazada al momento de su muerte, como había dicho erróneamente una revista. También dejó claro que a Selena no se le encontraron rastros de droga, ni alcohol, en el cuerpo. La cantante murió por un desangramiento. Tras concluir su reporte, el experto anunció su contundente conclusión:

—Esto fue un homicidio, no un accidente.

Para rematar, la fiscalía convocó a un experto en armas de la policía. Tras examinar el revólver homicida, Ed Mckinstry concluyó que no estaba defectuoso. Ante esta afirmación, la defensa preguntó en el contrainterrogatorio si una persona inexperta podía accidentalmente halar el gatillo.

—Supongo que sí —respondió el perito—, aunque lo veo muy difícil—. Explicó que la dificultad estriba en que, para disparar un revólver de calibre .38 como el de Yolanda, se necesita de una gran presión por parte del tirador. El mecanismo requiere de acción humana consciente para que salga la bala.

La defensa reveló durante el contrainterrogatorio que ese mismo experto guardaba sus armas en el maletero de su vehículo como medida de precaución, para evitar que se disparen accidentalmente. Pero ya el daño estaba hecho. La hipótesis de la defensa sobre el disparo accidental técnicamente no era posible.

Valdez mostró las fotografías con el rastro de sangre que dejó la cantante entre la habitación 158 y la recepción del motel, el camino donde perdió su vida paso a paso. Las gotas rojas cubrían una trayectoria de más de 390 pies de distancia. Observé cómo un miembro del jurado abrió enormes sus ojos negros. Parecían bolos de boliche. También vimos las fotografías que detallan claramente cómo quedó el cuarto. Valdez enseñó que había manchas de sangre en la puerta, lo que demostraba que era imposible que Yolanda no supiese que su amiga estaba herida y que, por tanto, no le prestó ayuda porque no quiso.

Luego de llamar a treinta y tres testigos, la fiscalía terminó de presentar su caso. Había sido un día fatal para la defensa. Rangel lo resumió todo magistralmente:

—Hoy la principal testigo fue la propia Selena. Su presencia se hizo sentir, ella nos dijo qué pasó con su cuerpo, con su sangre, ella nos dijo todo sin decir una palabra.

Mientras tanto, en la calle la gente seguía conglomerándose en espera de noticias, siguiendo paso por paso lo que pasaba dentro de la corte, rezando para que se hiciera justicia. Una pandilla paseaba "el ataúd de Yolanda" por la acera, y de vez en cuando una que otra persona los aplaudía al pasar. Querían verla muerta.

Ese viernes, al final de la segunda semana de juicio, la defensa comenzó a llamar a sus testigos. Todos esperábamos un largo desfile de personas, como había sucedido con la fiscalía, pero otra vez Tinker nos volvió a sorprender. En sólo tres horas, el viejo "jugador de poker" presentó su caso con sólo cinco testigos y sacó otra carta sorpresa.

La estrategia principal se basó en desacreditar los testimonios ofrecidos los días anteriores. Tinker llamó a Rubén de León, el director de ventas del motel que ya había subido al estrado, para que hiciera unas aclaraciones. El testigo declaró que la puerta de la recepción nunca se cerró con llave, como dijo Shawna Vela que se había hecho a petición de Selena, quien supuestamente estaba temerosa de que Yolanda le fuera a disparar de nuevo. De León recuerda que un policía entró al vestíbulo en un momento dado, precisamente porque la puerta estaba abierta.

La gerente del motel Days Inn, Barbara Shultz, tomó juramento. Tinker le preguntó con quién estaba casada y ella contestó que su esposo era un policía de Corpus. El abogado quería establecer la credibilidad de la testigo. El testimonio de Shultz terminó por rematar el de Shawna. Ella también estaba en el vestíbulo del motel cuando Selena entró mortalmente herida, pero según su versión, Selena nunca pidió que cerraran la puerta. De hecho, Selena nunca dijo nada. Ella sólo la escuchó emitir un gemido. La gerente dijo que su ex-empleada Shawna no era una persona de fiar.

Pero, para la defensa, la mayor aportación de Barbara Shultz fue que admitió lo que Tinker había dicho en otras ocasiones, que hubo una contaminación de testigos. Ella aseguró que todos los empleados que llamó a testificar la fiscalía se habían reunido poco después de la muerte de Selena y compartieron sus versiones en grupo, llegando a un consenso de lo que pasó. De esta manera, Tinker logró crear dudas sobre la legitimidad de los testimonios de la parte acusadora. Ahora era posible que todos se hubiesen puesto de acuerdo sobre lo que debían decir.

También testificó por primera vez Gloria Magaña, otra mucama del motel, que puso en duda las palabras de dos testigos estrellas de la fiscalía. Para ella, ni Trinidad Espinoza, ni Norma Marie Martínez pudieron ver la supuesta persecución de Yolanda contra Selena, porque ellos no estaban cerca. Ella sí. Declaró que había visto correr a la cantante por el estacionamiento, pero nunca vio a Yolanda. Gloria no estuvo presente cuando los otros empleados supuestamente se reunieron a discutir sus versiones.

Tinker llamó al estrado al detective Paul Rivera. Durante el breve intercambio, el oficial admitió que desde hacía varios meses sabía de la existencia de las cintas de audio grabadas durante el parapetamiento y sin embargo nunca se lo notificó a la defensa. Usualmente, la policía tiene que revelar evidencia potencial a la corte. El abogado defensor dejó la impresión de que el policía no quiso que su equipo tuviese acceso a las grabaciones porque favorecían a su clienta.

Ahora, Tinker necesitaba afirmar su hipótesis de que Abraham Quintanilla era un padre dominante, que asfixiaba a su hija con su permanente control. Para ello, llamó al estrado a Marilyn Greer, la maestra de Selena en séptimo grado. En un principio, Quintanilla no la reconoció, pues hacía una década que no la veía. Pero su testimonio le refrescó la mente en una milésima de segundo. Greer declaró qué Selena era una muchacha brillante, con posibilidades de graduarse con honores y conseguir fácilmente una beca universitaria. Pero su talento fue desperdiciado. Mientras las niñas como ella hacían cosas propias de su edad, Selena había sido obligada a recorrer el estado cantando en fiestas, barras y otros lugares nocturnos hasta altas horas de la madrugada, expuesta a un ambiente nada bueno para una jovencita de trece años. Como recuerdan, cuando diez años atrás Greer confrontó a Quintanilla con la situación y amenazó con denunciar el caso a las autoridades, Abraham sacó a su hija de la escuela. Todo eso salió a relucir en su testimonio.

Con Marilyn Greer, la defensa terminó de presentar sus testigos. Nadie imaginó que Tinker optaría por no llamar a Abraham Quintanilla al estrado.

Pero la sorpresa más grande vino inmediatamente después. Tinker se jugó el todo por el todo, pidiendo al juez que su clienta fuese juzgada exclusivamente por el cargo de homicidio en primer grado. No quería que en sus instrucciones al jurado Westergren incluyese otras opciones para la consideración del panel, como el asesinato en segundo grado o el homicidio criminal por negligencia. Tinker estaba convencido de que la fiscalía no había probado que Yolanda había disparado con intención premeditada, el requisito para ser encontrada culpable de asesinato en primer grado. Por lo tanto, apostó todas sus fichas a un sólo número. Si el jurado tenía la más mínima duda, tendría que dejarla en libertad, al no tener margen para condenarla por cargos menores. La única desventaja era que estaba sacrificando la opción de que Yolanda, de ser encontrada culpable, recibiese una sentencia más leve, como sucede tras una convicción por un cargo menor. Tinker se estaba corriendo un riesgo enorme, su jugada podía salirle muy bien o muy mal. Por eso, cuando anunció su recomendación a la corte, a más de una persona se le cayó la quijada. El suspenso aumentó cuando el juez aceptó la propuesta de Tinker.

Fue entonces cuando la familia Saldívar dio rienda suelta a las emociones que acumuló durante esas semanas. Abandonaron la sala abrazados, rojos como tomates de tanto llorar, consolándose entre sí. Me enteré que fueron directo a una iglesia a rezar por su querida parienta. Ahora sólo restaba oír los argumentos finales de ambas partes y esperar el veredicto. Era un angustiante compás de espera.

Cuando finalizó esta parte del proceso, los adictos a la nicotina corrieron al balconcito del quinto piso, donde se permitía fumar. Por suerte, así de malo como es el vicio del cigarrillo, así de conveniente resultó ser durante el juicio. Yo era la única periodista que iba al balcón durante los recesos y allí estaban siempre Valdez, Arnold García y, en ocasiones, Paul Rivera. Varios testigos claves también se dieron una vuelta por allí. En esos ratos obtuve anécdotas y color para muchos de mis reportajes, pues además de botar humo, los fumadores también abrían la boca para dar información. Ese mediodía en particular nadie dijo mucho, porque todos estaban en "shock".

Al poco rato, sucedió otra cosa inesperada. En tono misterioso, casi a escondidas, Arnold García se me acercó y me dijo en un susurro: "¿Quieres almorzar con Tinker y conmigo?". Me pareció increíble. No sólo por el hecho en sí, sino porque era Tinker, el mismo que me había colgado el teléfono unos meses antes, quien ahora me invitaba.

La operación para ese almuerzo fue de película de espionaje. Pocos momentos antes de la cita, Arnold pasó por nuestro tráiler para decirme en tono de novio adolescente: "Te espero en la esquina".

En la esquina me esperaba un carro grande cuya puerta se abrió tan pronto llegué y se volvió a cerrar con la misma rapidez cuando me subí al auto. Fuimos a un restaurante mexicano, bastante alborotado y repleto de gente. Cuando entramos,

Tinker miró seriamente a un grupo de tres hermosas mujeres rubias y me dijo: "¿Cuánto apuestas a que voy y le doy un beso a una de esas bellezas?". Antes de darme tiempo a contestar, caminó hacia una de ellas, la tomó violentamente y le dio un beso apasionado en la boca. Me quedé fría. Por suerte resultó ser su esposa, que lo esperaba con sus sobrinas. Así es su sentido del humor.

Yo esperaba cosas espectaculares de este encuentro, una exclusiva, algún dato curioso siquiera, de manera que fui muy cuidadosa en nuestra conversación. Tanto, que al final, aunque parezca increíble, ¡no hablamos del juicio! La conversación giró en torno a la comida mexicana y a una pasión que tenemos en común: los animales. Casi todo el almuerzo hablamos de sus perros y de los míos. Pero al final, con cierta emoción, Tinker me dijo de manera cariñosa que mi labor y mi objetividad le habían devuelto la fe en el periodismo. Esas palabras, por venir de quien venían, son para mi un motivo de orgullo. Yo también lo tengo en alta estima profesional. Después de verlo en acción, defendiendo en la corte, sé que cuando se lo propone, ante él hay que quitarse el sombrero.

Sin embargo, algo nuevo pude sacar del almuerzo. Mientras la conversación iba y venía por varios temas, le pregunté en un aparte a Arnold en qué había quedado la misteriosa maleta que Selena llevó al Days Inn, llena de ropa, como si estuviera por salir de viaje.

—Tú no me lo vas a creer —me dijo Arnold sonriente—, pero la maleta ahorita está en el maletero del auto de Tinker.

Yo nunca la vi, pero él insistió en que era cierto. La maleta estaba, váyase a saber por qué volteretas del destino, no en manos de la policía, sino en el baúl del abogado defensor de la acusada por el asesinato de su dueña. Me quedé pensando. Si por la ropa de Elvis aún pagan miles de dólares, ¡qué no pagarían los fans por una prenda de esta nueva leyenda! Se estaba pudriendo en el baúl de un carro, cuando a lo mejor debía estar en un museo.

Supe luego que la maleta grande de cuero negro con rueditas para facilitar su transporte, tenía grabado un nombre: CHRIS PEREZ. Adentro había ropa como para varios días, incluyendo prendas íntimas, botas y la chaqueta negra que usó la cantante en el video musical que grabó junto a los Barrio Boyzz. ¿Para que la quería Selena? Oficialmente no tenía un viaje planeado, ni concierto en agenda. ¿Sería una escapada secreta a Monterrey? ¿O tal vez una partida más definitiva, ya que también llevaba consigo su permiso para trabajar en México? Meses más tarde me enteré que el equipaje con todo su contenido terminó en casa de los Saldívar; ellos tienen la maleta.

Esa misma tarde, María Elida me llamó a nuestro tráiler de producción muy preocupada. Ni ella ni sus padres habían entendido claramente la carta que había jugado Tinker en corte, ni las consecuencias que podría tener en el destino de Yolanda. Como no tenían forma de comunicarse con él, me preguntaron a mí. Estaban desesperados. Tomé tiempo para explicarle por teléfono lo mejor que pude la estrategia legal de Tinker, pero finalmente, opté por ponerles al licenciado Castillo, quien rápidamente aclaró dudas y temores. Cuando volví a tomar el auricular, pasó algo fuera de serie.

—Te tengo una sorpresa, María —me dijo Elida con voz de confidente. —No estamos en la línea dos, sino tres.

—¿Cómo? —le pregunté, al no entender lo que sucedía.

—Sí, estamos en una llamada en conferencia —respondió. Y luego agregó un permiso:— Adelante Yoli —dijo riéndose.

—Hola María, ¿cómo estás?

Era Yolanda. Su voz sonaba dulce y casi infantil, tan diferente al alarido de las grabaciones. Me quedé fría, pero reaccioné rápido. La saludé como si la conociera. Las dos estábamos nerviosas. Sus abogados le tenían prohibido hablar con nadie, menos todavía con un miembro de la prensa.

En un tono de total convencimiento me dijo:

—Gracias por tratar a mi familia con decencia. Cuando yo salga de aquí, no importa lo que pase, sea en una casa o en la cárcel, yo sólo voy a hablar con una persona y esa persona vas a ser tú. Pero yo nunca voy a decir *lo que pasó en ese cuarto* a nadie, jamás. Yo sé que mi hija desde el cielo me lo agradece, yo sé que ella quiere que sea así. —Esa última oración la repitió como hablándose a sí misma. ¿Cuál era el misterio? ¿Por qué callar a estas alturas?

En eso, Yolanda bajó la voz y me preguntó como si yo fuera un oráculo:

—¿Cuál crees que será el veredicto? —Callé por un instante para pensar bien mi respuesta y sus consecuencias y le contesté de una forma ambigua, pero sincera:

—Cualquier cosa puede pasar, tienes que estar preparada para todo... pero no importa el desenlace o el lugar, seré justa contigo en la entrevista.

Colgamos. Al verme cara de gato que se comió al canario, nuestro director técnico me preguntó:

—¿Con quién hablabas?

—Con nadie importante —le contesté y me sonreí para mis adentros.

Salí de allí realizada; la política de respeto había dado resultado tanto en lo profesional como en lo humano. Sentí que había hecho lo correcto y había tratado a Yolanda con imparcialidad. Con esa nueva energía, me fui a retocar, pues a estas alturas las ojeras por falta de descanso me obligaban a ponerme doble maquillaje.

Esa noche, en *Primer Impacto,* nuestro famoso astrólogo

Walter Mercado leyó las cartas astrales de Yolanda y Selena. Desde el principio, las estrellas anunciaban un final trágico para ambas, si una se cruzaba con la otra. El zodíaco pronosticó una vida corta para la cantante; pasaría como una estrella fugaz. Walter también describió una visión que dijo haber tenido de Selena y explicó que en ella, la cantante le dijo que "perdonaba" a Yolanda. Un televidente vino después muy serio y me preguntó:

—María Celeste, en ese mensaje que mandó Selena ¿explicó si perdonaba a Yolanda por haberla asesinado o por haberle disparado accidentalmente? —Buena pregunta, su ocurrencia me hizo reir a carcajadas. Pero por desgracia parece que el "momento místico" no duró suficiente para aclarar lo que todos queríamos saber. Por cierto, luego me enteré que Yolanda vio el segmento de Walter en su celda y no le hizo ninguna gracia.

Regresé a Miami sólo por el fin de semana porque quería volver a conectar con mi gente, con mi vida de siempre y acordarme de quién era. El juicio me tenía consumida, desenfocada de mis cosas personales. Total que no pude hacerlo porque mis pensamientos estaban en lo que pasaría la semana entrante, cuando pensábamos que se anunciaría el veredicto. Además, ese sábado y domingo los pasé llamando a Monterrey, tratando de conseguir una entrevista con el Dr. Ricardo Martínez para tenerla en exclusiva lo más pronto posible. Yo sabía que él tenía mucho que decir y su abogado no había vuelto a insinuar que había que pagar a cambio de la entrevista. Finalmente, el médico accedió a hablar con *Primer Impacto* con la única condición de que su asesor legal estuviese presente. Era un pedido razonable, así que la entrevista se programó para unos días más tarde.

Ese lunes 23, el juicio entró en su tercera semana y la sesión comenzó con el argumento de cierre de la defensa. El abogado Fred Hagans denunció que se habían ocultado pruebas que fortalecían la teoría del accidente. Recordó los manejos del oficial Paul Rivera durante el interrogatorio:

—Él no estaba interesado en que se hiciera justicia. Su preocupación era formular un caso. Él sabía desde un principio que éste era un caso importante, por eso quería ser la persona responsable de acorralar a Yolanda Saldívar.

Más tarde citó un viejo refrán:

—Si no creen en el mensajero, tampoco pueden creer en su mensaje y —concluyó—, no pueden confiar en Paul Rivera.

Hagans dijo que Selena sacó tiempo el 31 de marzo para llevar a Yolanda al hospital, aún cuando tenía una grabación ese día, porque para ella Saldívar seguía siendo una amiga muy querida. Él recordó lo que el hombre que le vendió el arma a Yolanda había dicho, diciendo que un revólver con el martillo hacia atrás se podía disparar hasta con el dedo meñique, sin esfuerzo alguno. Hagans arremetió contra la fiscalía por mostrar las fotos de Selena en la morgue y del rastro de sangre. Lo llamó un recurso sensacionalista con el único propósito de manipular las emociones del jurado. Para terminar, el abogado le pidió al jurado que no se prestara para satisfacer la sed de venganza de un padre rabioso.

Luego, Tinker prosiguió con el argumento de la defensa, pero desde un principio se le notó cansado, por no decir derrotado. Él acostumbra a dar sus discursos magistralmente sin dejarse llevar por anotaciones, pero en esta ocasión sus pensamientos no parecían estar en orden. Dejó dudas sin aclarar y tampoco ató los cabos sueltos en la versión de su clienta. Él mismo reconoció su falta de coherencia, cuando le pidió al jurado que lo disculpara por saltar de un tema a otro. Se justificó diciendo que su mente trabajaba como una máquina de "pinball".

En su discurso, le lanzó preguntas al jurado. ¿Por qué nunca se presentaron pruebas del robo? ¿Por qué la fiscalía nunca puso a testificar a los contables? ¿Por qué nunca se entregaron los archivos del fan club? Terminó su alegato, pidiéndole al jurado que no temiera por la reacción del público en caso de un veredicto no popular. Cerró con estas palabras, mientras apuntaba en dirección a la puerta principal:

—Si Selena estuviera presente, ella entraría a esta sala por ahí, con su habitual sonrisa, y perdonaría a Yolanda, ella misma les diría que todo fue un trágico accidente. —El abogado defensor no se imaginaba que el fiscal Valdez aprovecharía en unos minutos esa frase final, para incorporarla en su discurso, darle la vuelta y cerrar su alegato con mayor dramatismo.

La fiscalía comenzó intensa y manipuladora. Primero habló el fiscal Skurka, que en mi opinión, fue extremadamente efectivo. Lo primero que hizo fue colocar una foto grande de Selena junto al panel del jurado y luego dijo que la cantante había quedado reducida a una simple foto gracias a lo que hizo la acusada el 31 de marzo. Con ese gesto, muchos sintieron como si la cantante muerta estuviese presente. Un reportero de radio que estaba a mi lado me confió con voz solemne:

—Tengo los pelos de punta.

Skurka explicó al jurado que al no haber ningún testigo en la habitación 158, Yolanda debía ser juzgada por la forma en que actuó antes y después del disparo. Si se fijaban, verían que las acciones de la acusada habían sido consistentes con las de una asesina. Luego, él también lanzó una lluvia de preguntas sin respuesta. ¿Por qué Yolanda Saldívar dio diferentes razones para haber comprado el arma? ¿Por qué se quedó con la pistola en la mano si se había disparado accidentalmente? ¿Por qué siendo enfermera y sabiendo cómo administrar primeros auxilios no ayudó a la herida? ¿Por qué no llamó al 911? "Usen la lógica", les sugirió a los miembros del jurado.

Skurka sentenció que mientras Selena había dejado su marca en el mundo de la música, Yolanda Saldívar dejó su marca en la espalda de Selena, con el tiro que le dio a traición de la forma más cobarde. El fiscal recurrió a una metodología muy eficaz para destruir los alegatos de Saldívar. Colocó un pizarrón y fue marcando una raya por cada inconsistencia en las versiones de la acusada. Recordó que ella había dado tres excusas diferentes para la compra del arma. Primero, dijo que necesitaba el revólver para defenderse del familiar de un paciente suyo, luego que era para protegerse de Quintanilla y por último que lo quería para quitarse la vida. Skurka dijo que lo mismo pasó con el cuento de la violación. Yolanda había dicho que el agresor había sido un misterioso hombre, pero según las grabaciones, ella había sido violada en otra ocasión en su apartamento por el padre de Selena. Cuando concluyó, la pizarra estaba llena de rayas. Era visualmente impactante.

El fiscal señaló que, el 31 de marzo, Saldívar tuvo tiempo de sobra para suicidarse si en verdad lo hubiese querido y destacó que una persona que se va a matar no lleva balas de respuesta en la cartera, como tenía Yolanda ese día. Además, si en verdad fue un accidente, ¿por qué ella no lo mencionó sino hasta unas cinco horas después de estar parapetada? ¿Por qué en las grabaciones le pide a Dios que la perdone?

En sus palabras finales, Skurka dijo que los abogados de la defensa habían utilizado la misma técnica de un calamar, pues al ver el ataque de la fiscalía habían lanzado tinta para evitar que se viese claro. Le estaban echando la culpa a todo el mundo. Habían inventado una conspiración para desviar la atención de la acusada. Le pidió al jurado que no cayese en esa trampa, que se concentraran en la evidencia y que recordaran la conclusión del médico forense: la muerte de Selena no fue un accidente sino producto de un homicidio.

Carlos Valdez estaba a cargo de proseguir con el argumento. Pero antes de decir una palabra, le hizo una reverencia al retrato de Selena, como si se tratara de una Virgen.

Luego, de forma concreta, hizo un llamado al "sentido común" del jurado:

—Ellos [la defensa] dicen que fue un accidente, pero todo apunta en la dirección contraria.

Valdez sacó otra pizarra con un calendario del mes de marzo para subrayar cronológicamente los episodios que, según él, llevaron a Yolanda a cometer el crimen. Cuando llegó al fatídico día 31, el fiscal dijo:

—Mientras Selena se iba por la puerta [de la habitación 158]... ella [Saldívar] vio salir todo lo que tenía en este mundo, vio salir todo lo que la hace ser alguien y ella [Saldívar] no iba a permitirlo.

Según el fiscal, Yolanda odiaba al padre de la cantante y por eso buscó hacerlo sufrir.

—¿Cómo uno puede hacerle daño a Abraham Quintanilla? —preguntó, y sin esperar respuesta él mismo contestó—, Pegándole un balazo a su hija. Una mente diabólica pensaría en matar a la persona que más él quería. —Valdez se veía organizado y sus pensamientos estaban en orden.

Por último, el fiscal hizo referencia a las palabras finales de Tinker. Recordó que si Selena estuviese viva, no habría razón para un juicio. Ella no podía entrar por la puerta de la sala y alumbrar a todos los presentes con su sonrisa porque Saldívar la había matado. Al mismo tiempo que hizo esa última aseveración, el fiscal señaló a Yolanda con su dedo acusador. Pero aún cuando había terminado la oración, Valdez se quedó apuntándola un segundo más de la cuenta. Fue dramático.

Con estas últimas palabras grabadas en su mente, el jurado se retiró a deliberar. Era el principio del fin.

En la calle, todos quedamos a la expectativa, esperando el momento decisivo. En el tráiler bebíamos una taza de café tras otra. Rangel y Castillo me acompañaban en todo momento, en esa tensa espera. A las dos horas y veinte minutos, se anunció que el jurado había llegado a un veredicto y que se daría a conocer en unos minutos. Dejé todo de golpe, di un brinco de canguro y salí corriendo con todas mis fuerzas. En segundos, llegué hasta el espacio asignado al estudio callejero de *Primer Impacto*. La carrera me dejó tan desaliñada que mi pelo parecía el de una medusa y estaba tan falta de aire que no sé cómo logré hablar cuando me dieron la señal de que íbamos en vivo. ¡Y dicen que la televisión es glamorosa! Escuché mi voz agitada anunciar que en cuestión de segundos esperábamos un veredicto.

Con la cámara rodando, me conecté el IFB a la oreja y pude escuchar lo que pasaba en la corte. La voz de Westergren salió al aire con total nitidez. Comenzó preguntando al jurado si habían llegado a un veredicto. Luego, pidió a los presentes que evitaran cualquier manifestación una vez leída la decisión. En la calle, miles de personas se habían agolpado frente al edificio y, en silencio, esperaban el resultado.

Con voz firme, Mike Westergren leyó la decisión. CULPABLE. Yolanda Saldívar era culpable de homicidio en primer grado.

Yo lo escuché todo en inglés y lo traduje simultáneamente al español para nuestra teleaudiencia. El público en la calle se enteró por los reporteros de la decisión del jurado y la voz se corrió como la pólvora. La gente estalló en gritos de alegría, unos lloraban de emoción y otros rezaban arrodillados. Para ellos fue la justicia. De todas partes de la ciudad vino gente, la corte quedó inundada y el tráfico quedó paralizado. Se formó una espontánea fiesta callejera donde se bailaba al ritmo de la música de Selena, que salía de enormes radios portátiles. Las bocinas de los autos tapaban el audio de nuestra transmisión. En Houston nunca se había visto algo así.

Castillo, que estuvo dentro de la corte durante el veredicto, no se perdió ni un detalle de lo que sucedió. Él salió de la sala a los pocos minutos y vino corriendo al estudio callejero para relatar en nuestro programa lo que pudo observar. Contó que, antes de escuchar la decisión, Yolanda estaba respirando rápidamente y que una vez se le encontró culpable, ella se inclinó hacia adelante, en un gesto de dolor, y comenzó a sollozar. Su familia estalló en llanto. Los Quintanilla se mantuvieron serios, ecuánimes y salieron escoltados de la corte por una puerta lateral.

Los familiares de Selena bajaron al sótano de la corte y allí los esperaba una camioneta con cristales ahumados; nadie los vio abandonar el edificio. Los Saldívar tuvieron que salir por la puerta principal, frente a la turba que celebraba la desgracia de su parienta y gritaba: "¡Ahora maten a la asesina!". Su dolor fue puesto en despliegue como si fueran fenómenos de circo. Camino a su auto, pasaron justo frente a una mujer que llevaba una camiseta que leía SALDÍVAR LLORA SALIVA. Era patético. Ambas familias merecían respeto.

Esa tarde Rangel y Castillo concluyeron que los argumentos finales fueron claves en el desenlace. Yo no podía estar más de acuerdo. Desde que escuché el discurso de Skurka, supe que la suerte de la acusada estaba echada. La fiscalía supo cómo hilar todos sus argumentos y presentárselos al jurado de una forma sencilla y lógica. La defensa por el contrario había prometido en un principio demostrar cosas sorprendentes y éso no sucedió.

Tinker comenzó el juicio agresivo y fue bajando los decibeles de su defensa. Rangel había comentado que mientras fue juez del estado de Texas, nunca había conocido a un abogado defensor más eficaz que Tinker. Pero esa tarde, nuestro analista dijo que el Tinker que vio en los argumentos finales de esa mañana, no era el de siempre. ¿Acaso el abogado sabía en su interior que la suya era una causa perdida? ¿Le prohibió Yolanda que revelara cosas secretas que tal vez podían ayudarla, con tal de no traicionar las confidencias de Selena? ¿O fue Tinker el que no quiso decir nada al respecto porque tal vez esos argumentos simplemente afectaban maliciosamente la imagen de Selena y no aportaban nada a su defensa? Lo último que Tinker necesitaba era que el jurado pensara que Yolanda era vengativa y estaba dispuesta a revelar cualquier secreto o a inventarse cualquier cosa, con tal de salir libre. ¿O acaso Tinker bajó la guardia por temor a las amenazas de muerte que recibió? Más adelante, el abogado le confesaría a Joe Nick Patoski, un reportero de la revista *Texas Monthly* y autor de libros, que la convicción de su clienta por lo menos había servido para disminuir las posibilidades de que alguien lo matara. Lo dijo en broma, pero es lógico que tras las amenazas de muerte que había recibido, sintiera alivio de que todo hubiera terminado.

Esa tarde, durante una conferencia de prensa, Valdez dijo que no le sorprendió el resultado, pues, desde un principio, sabía que éste era un simple caso de asesinato. Mientras lo escuchábamos hablar, Rangel me recordó que para el fiscal esta victoria era especial, pues él había crecido en el barrio de Selena y se había hecho el compromiso moral de lograr una convicción para la asesina de la cantante. El bien había reinado sobre el mal.

Tinker no habló con los periodistas esa tarde. Lo vi salir por una puerta trasera visiblemente destruido, huyendo del tumulto, en busca de soledad. Me crucé con Arnold y me dijo:

—No leímos bien al jurado.

Por mi parte, yo me hacía otra pregunta: ¿Cómo estaría Yolanda Saldívar? Dentro de poco, tendría la respuesta.

A la mañana siguiente, Yolanda me llamó por teléfono. Fue un momento bastante difícil. Casi no podía entenderla. Entre sollozos y lamentos, me aseguró que el veredicto era injusto, que se iba "a pudrir en la cárcel" y que sabía que le iban a dar la pena máxima. Me gritaba repitiéndose una y otra vez: "María, ¡yo no soy una asesina a sangre fría!" Yo no decía nada. ¿Qué podía decir en un momento así? Lo único que supe decirle, al rato, fue que tenía que estar preparada para lo peor y ser fuerte por el bien de sus padres que estaban tan ancianitos.

En ese momento de total desesperación fue cuando comenzó a revelarme esa "verdad" de la cual había jurado nunca hablar, detalles de lo que ella llamó desde entonces "el secreto de Selena". Al igual que en las grabaciones, su voz cambió y comenzó a salir como un torrente. Yo no traté de sacarle información, no quise tomar ventaja de ella en ese momento de debilidad. No hubiese sido justo, porque aunque no me lo dijo, yo sabía que ella me había llamado como persona, no como periodista, para desahogarse. Yo comprendía que ella había sido oficialmente declarada asesina por la justicia, pero en ese momento sólo pude sentir compasión por ella y por su familia. Yolanda siguió divulgando la información con la rapidez y precisión con la que se lanza una flecha. No le hice preguntas, ni juzgué en ese momento si las sorprendentes revelaciones que me hacía eran ciertas o falsas. Ser humana con ella y simplemente escuchar me pareció más decente. Sabía que llegaría el día en que podría cuestionarlo todo frente a un lente de televisión, y cuando llegara ese momento hablaríamos en igualdad de condiciones. Entonces, la situación y mi actitud serían diferentes.

Colgué y abrí los diarios. El titular del *Houston Chronicle* leía SALDÍVAR CULPABLE DE ASESINAR A SELENA. El *Corpus Christi Caller Times* tenía en letras gigantes LÁGRIMAS Y GOZO y aparecía la foto de una admiradora de Selena sujetando un afiche de la cantante con una mano y haciendo un gesto de aprobación con la otra. A través del país y en Latinoamérica el veredicto fue noticia de primera plana.

Primer Impacto había sido el único programa de televisión que transmitió la decisión del jurado en vivo. Un inesperado fallo en un satélite interrumpió la transmisión de otros canales, por lo que les tomó largo rato informar de la noticia. Por eso, el periódico *Dallas Morning News* publicó un amplio titular: UNIVISION ANUNCIA VEREDICTO ANTES QUE LA CADENA RIVAL. Una copia del artículo se mandó por fax a todas las afiliadas de Univision, y en Miami, donde se encuentran las oficinas principales, los directores ejecutivos de la cadena en su reunión semanal saltaban de alegría por la victoria sobre los demás medios. Es curioso que en las grandes compañías los jefes a veces reaccionan como niños.

Con el veredicto emitido, el juicio entró en su etapa final: el jurado debía decidir qué castigo imponerle a la convicta. Para ello, tanto la defensa como la fiscalía debían volver a presentar brevemente argumentos de apertura, testigos y argumentos de cierre. Sólo entonces el panel se retiraría a deliberar sobre la sentencia.

La ley de Texas ofrece una amplia gama de castigos para una convicta de asesinato en primer grado, sin un record criminal previo, como ahora lo era Yolanda Saldívar. Las posibilidades abarcan desde una probatoria condicional hasta una cadena perpetua. Como dije anteriormente, la pena de muerte no era una opción, ya que la convicta no había sido juzgada por una doble felonía o doble crimen. Aún así, muchos pedían la pena capital para ella. Cuando llegué a la corte el martes siguiente, ya había una muchedumbre agolpada frente al edificio, con carteles que de forma horrible pedían la ejecución de Saldívar: Uno leía MATEN A LA MARRANA y otro 100 AÑOS PARA YOLANDA.

Durante ocho años consecutivos, Selena Quintanilla Pérez arrasó con los premios en la entrega anual de los Tejano Music Awards y se convirtió en la indiscutible reina de la música Tex-Mex. (ALEXANDER FRANCO/MANNY HERNANDEZ)

$\mathcal{E}$sta secuencia de fotos, en donde aparecen Selena y Yolanda, fue tomada de un video filmado durante la apertura de una de las boutiques de Selena Etc., meses antes de la muerte de la cantante. La cinta original dura apenas unos doce segundos, pero capta claramente la gran confianza que existía entre ambas mujeres. Podemos apreciar cómo Selena le dice algo al oído a Yolanda, tal vez en secreto. Yolanda reacciona sorprendida y finalmente divertida. (CON PERMISO DE KORO CANAL 28, CORPUS CHRISTI, TEXAS)

$\mathcal{E}$l doctor Ricardo Martínez es el enigmático cirujano plástico de Monterrey que jugó un papel muy importante en la vida de Selena durante los meses antes de su muerte. Él fue supuestamente la última persona a la que la cantante llamó antes de irse a encontrar con Yolanda el fatídico 31 de marzo.

𝒴olanda Saldívar al mando de una de las boutiques de Selena Etc.
(CON PERMISO DE KORO CANAL 28, CORPUS CHRISTI, TEXAS)

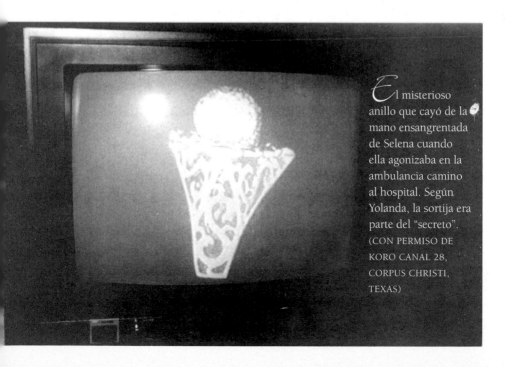

𝓔l misterioso anillo que cayó de la mano ensangrentada de Selena cuando ella agonizaba en la ambulancia camino al hospital. Según Yolanda, la sortija era parte del "secreto".
(CON PERMISO DE KORO CANAL 28, CORPUS CHRISTI, TEXAS)

(NORMA JEAN SIERRA)

(NORMA JEAN SIERRA)

*D*urante el juicio contra Yolanda Saldívar, miles de fanáticos de Selena se presentaron a la corte para exigir justicia. Algunos, como en la foto del centro, llevaban consigo rosas blancas, la flor favorita de la cantante. Otros, como la mujer en la página contigua, querían una condena de 100 años para Yolanda.

(NORMA JEAN SIERRA)

Tras la muerte de Selena, sus fanáticos le guardaron luto como si se tratara de un familiar cercano. Muchos se congregaron frente a las boutiques de la cantante para recordarla y erigirle altares improvisados. Lo mismo sucedió en la casa de la familia Quintanilla en Corpus Christi, en la tumba de Selena y frente a la habitación 158 del Days Inn, donde ella recibió el disparo.

$\mathcal{L}$os fiscales Carlos Valdez, a la derecha, y Mark Skurka se preparan para comenzar una conferencia de prensa. Valdez, quien creció en el mismo barrio de Corpus donde se crió Selena, lleva en la solapa de su chaqueta un broche de plata en forma de angelito. Su esposa se lo regaló para la buena suerte y él no se lo quitó ni un solo día durante el juicio.
(NORMA JEAN SIERRA)

$\mathcal{D}$ouglas Tinker, el famoso abogado criminalista que representó a Yolanda Saldívar, está acompañado a su izquierda de otro miembro del equipo de la defensa, Arnold García.
(NORMA JEAN SIERRA)

$\mathcal{F}$red Hagans, el conocido abogado de Houston que se unió al equipo de la defensa.
(MARÍA CELESTE ARRARÁS)

$\mathcal{L}$ a autora en compañía de los expertos legales contratados por Univision para hacer análisis televisivos durante el juicio. El ex-juez de Texas, Jorge Rangel, se encuentra al centro y junto a él está José Castillo, un prominente abogado defensor de Houston. La foto fue tomada en el estudio callejero de *Primer Impacto* junto a la corte, minutos antes de que comenzara el programa. (MARÍA CELESTE ARRARÁS)

$\mathcal{E}$ sta era la típica escena a la salida del tráiler del canal. A lo lejos se puede apreciar el estudio callejero cubierto por una lona blanca. Esta sección permaneció cerrada al público durante todo el juicio y estaba llena de periodistas y policías. Aquí se realizaron las conferencias de prensa de la fiscalía y la defensa. (MARÍA CELESTE ARRARÁS)

*L*a autora durante su entrevista exclusiva con Yolanda Saldívar. Ambas miran la carta que según Yolanda recibió de una psíquica con un mensaje de Selena. (MARÍA CELESTE ARRARÁS)

*F*rank Saldívar, el padre de Yolanda, es un ferviente católico y aparece en esta foto junto al sacerdote Richard McCarthy de San Antonio. El religioso acompañó a la familia de Yolanda a Houston en señal de apoyo. (NORMA JEAN SIERRA)

$\mathcal{L}$a autora entrevistando a Abraham Quintanilla. Fue en esta ocasión que el padre de Selena presentó en exclusiva documentos y cheques que, según él, comprueban que Yolanda Saldívar le estaba robando a su hija.
(MARÍA CELESTE ARRARÁS)

Casi un año después del asesinato de su hija, Abraham Quintanilla posa, con sus característicos lentes oscuros, junto a un grupo de chicas disfrazadas de Selena. Todas aspiran a interpretar el papel principal en la película sobre la vida de la reina de la música Tex-Mex. La pequeña que aparece en la foto soñaba con ser escogida para el papel de Selena cuando era niña. (MANNY HERNANDEZ)

En lo que debió ser un momento escalofriante, la madre de Selena, Marcella Quintanilla, saluda a una de las jóvenes más parecidas a su hija durante las audiciones para la película sobre la vida de Selena.
(MANNY HERNANDEZ)

*S*elena irradiando la belleza y el carisma que la hacían única.

A la derecha aparece Chris Pérez, el viudo de Selena, durante la entrega anual de los premios musicales Lo Nuestro de Univision, en 1996. A su lado está el hermano de Selena, A.B. Quintanilla, quien componía las canciones que la cantante luego acompañaba con su prodigiosa voz.
(MARÍA CELESTE ARRARÁS)

(MANNY HERNANDEZ)

*S*elena en el escenario.

Esta foto de Selena se tomó en las afueras del edificio de Univision, en Miami, minutos antes de que la artista fuese entrevistada en *Primer Impacto*. Aparentemente a Selena le gustó tanto la foto que mandó hacer una ampliación para enmarcarla y exhibirla en su casa.
(EMERITO PUJOL)

Durante la sesión del martes, el 24 de octubre, ambas partes presentaron sus argumentos iniciales. Valdez quería convencer al jurado de que la convicta no merecía ser reincorporada a la sociedad nunca más porque era propensa a cometer otros crímenes. La mejor forma de hacerlo era llamando a varios testigos que demostraran que Saldívar le había robado a Selena, tras una larga trayectoria de fraude. Pero el juez quiso escuchar esos testimonios sin que el jurado estuviese presente para determinar si la evidencia del fiscal era admisible en corte. Para ello Westergren le dio al panel la tarde libre y los siguientes testimonios se escucharon en ausencia del jurado.

Valdez trajo a un policía a cargo de la sección de estafas de Corpus Christi, que había investigado unos cheques sospechosos de la boutique Selena Etc. firmados por Yolanda. El declaró que su experiencia en ese campo lo había llevado a la conclusión de que la convicta cometió fraude. Tras estudiar las transacciones, él vio reflejado el patrón típico de un estafador. Pero la opinión profesional del perito no era suficiente sin pruebas tangibles.

Le siguió la contable de la compañía Selena Etc. Ella descubrió que Yolanda había firmado cheques en efectivo para pagar las cuentas de varios suplidores y que esos cheques habían sido cobrados, mas el dinero nunca había llegado a manos de los cobradores. La insinuación era que Saldívar se había quedado con la plata. Durante el contrainterrogatorio, Tinker hizo que la testigo admitiera que ella comenzó a trabajar para la compañía después de la muerte de Selena y por lo tanto era imposible que tuviese conocimiento de cómo la cantante manejaba su empresa. En otras palabras, era posible que Yolanda hubiera realizado ciertas transacciones, no para robar, sino por órdenes de Selena. A lo mejor la cantante necesitaba el dinero en efectivo para sus gastos personales y manipulaba las finanzas de esa forma para su conveniencia. Con Selena ausente, era imposible probar lo contrario.

El fiscal también llamó como testigo al doctor Faustino Gómez, un dermatólogo de San Antonio para quien Yolanda trabajó entre 1980 y 1983. El médico dijo que despidió a Saldívar tras descubrir que faltaban 9.200 dólares de su consulta. Gómez demandó a su ex-empleada, pero nunca se probó que ella hubiese robado porque se llegó a un acuerdo fuera de corte.

A esas alturas Westergren estaba perdiendo la paciencia. Con un tono molesto cuestionó la actitud del fiscal, por presentar una evidencia débil, que bien podía mostrar manejos no muy claros —como hay en todos los negocios— pero que no necesariamente configuraban un delito. El juez concluyó:

—No hay prueba de que Yolanda Saldívar se haya quedado con ninguno de los dineros en cuestión... hubiese sido diferente si ella hubiese falsificado los cheques, pero ella tenía la autoridad para firmar cheques. —Estaba visiblemente incómodo, pero aún así Westergren permitió que las alegaciones fueran presentadas, al día siguiente, frente al jurado.

Esa noche Valdez y su equipo evaluaron lo sucedido esa tarde en corte y decidieron cambiar su estrategia. Seguro no quisieron arriesgarse a que la defensa ganara una apelación del caso basado en que ellos presentaron evidencia débil durante el juicio. En realidad, como dijo Jorge Rangel en nuestro programa, con lo presentado a lo largo del juicio, el jurado tenía suficiente como para condenar con dureza a la acusada.

Por eso, al día siguiente, Valdez sólo llamó nuevamente al doctor Faustino Gómez. Pero en corte el médico apenas alcanzó a decir que Yolanda no era una persona que obedecía las leyes, porque en el contrainterrogatorio Tinker lo hizo admitir que él no había tenido contacto con Yolanda en más de una década y el juez había limitado los testimonios en torno al carácter de la convicta a los últimos diez años.

A la defensa le tocó el turno de llamar a sus testigos. Esta era su última oportunidad para evitar que la ley no cayera con todo su peso sobre los hombros de Yolanda Saldívar. Tinker se esmeró en demostrar que la vida de su defendida, antes del 31 de marzo, había sido ejemplar.

En primer lugar, llamó a Fernando Saldívar —hermano de Yolanda— y luego a su mejor amigo. Fue un paso bien calculado, ya que el presidente del jurado era un ex-marino y estos dos testigos eran veteranos de la guerra de Vietnam. Ambos destacaron que Yolanda era una buena persona, religiosa, honesta y trabajadora, que había motivado a sus sobrinos a que se educaran y que ayudaba a su comunidad recolectando dinero para las pequeñas ligas de béisbol.

Tinker dejó el testimonio más conmovedor para lo último. Frank Saldívar, el padre de Yolanda, nunca antes había estado presente en el juicio porque su delicado estado de salud no se lo permitía. Irónicamente, ese 25 de octubre de 1995, el señor Saldívar cumplía sesenta y nueve años de edad. Como temía su familia, lejos de ser una fecha felíz, ese día fue uno de los peores de su vida. Apenas tomó asiento en el estrado, el anciano comenzó a llorar. Yo había bajado al tráiler de Univision para preparar un reportaje y escuché sus palabras a través de la bocina que allí habíamos instalado para seguir el proceso en la corte.

El padre de Yolanda se refirió a su hija como "nuestra bebita, la luz de mis ojos y de mi corazón". Con su voz quebrada, contó al panel en perfecto inglés lo buena que su hija había sido con la familia. Luego, sin saberlo, violó una de las reglas de la sala y se dirigió al jurado directamente, pidiéndole a sus miembros que alzaran la mano si creían en Dios. Valdez protestó, pero, tal vez respetando un momento tan emotivo, no lo hizo con mucha firmeza. Frank Saldívar se disculpó y sólo atinó a decirle al panel que si tenían hijos e hijas y creían en Dios, sabían que todos éramos hermanos y les recordó que aquí se había perdido dos vidas.

Un pesado silencio nos envolvió a todos y vi como a mis compañeras productoras se les aguaron los ojos. A mí me pasó lo mismo.

En su discurso de cierre, Tinker destacó que la actitud en una sentencia no debe ser de ojo por ojo. Citó la Biblia y cómo en ella no se habla de venganza, sino de perdonar. El defensor recordó que en las cintas grabadas durante el parapetamiento se escucha a Yolanda arrepentirse y sentirse desgarrada por la muerte de Selena. Para Tinker la sociedad, con su desprecio, ya había castigado a su clienta. Concluyó que Yolanda Saldívar no representaba un peligro para el resto del mundo y pidió al jurado que fuera benévolo, que considerara como sentencia la libertad condicional.

Mark Skurka tuvo a su cargo el argumento final de la fiscalía. Destacó que lo último que Selena escuchó en su vida, fue a Yolanda gritarle "puta" mientras la perseguía. El fiscal reconoció el sufrimiento de ambas familias, pero marcó sus diferencias. Los Quintanilla nunca volverían a ver a su hija; los Saldívar podrían, al menos, visitar a la suya en prisión. Y terminó con voz firme, diciendo que no podía haber clemencia, que había que darle a Yolanda como castigo lo que ella había quitado: "*vida...* por eso merece *vida...* en prisión".

El jurado se retiró a deliberar.

Algo totalmente al estilo de Fellini ocurrió después. El ambiente cargado que hubo desde el primer día se disipó y se respiró un aire más liviano, así, de repente. Ahora todos actuaban amigables y relajados. Jorge Rangel, que estaba dentro de la sala, dijo que parecía "una fiesta". Imagínese que Valdez, Tinker y hasta Yolanda empezaron ¡a firmar autógrafos! Se los pedían los periodistas, los empleados de la corte y el público presente.

Durante la espera, Yolanda almorzó en su mesa de acusada, los Quintanilla se asomaron al balcón y saludaron a la gente en la calle. Los únicos serios eran los Saldívar, que se mantenían aparte, rezando.

Esa tarde, los miembros del jurado le solicitaron a Westergren que les permitiera marcharse hasta el día siguiente, pues no lograban llegar a un acuerdo y necesitaban un descanso para reflexionar. Pero para la sorpresa del panel, el juez no les permitió retirarse a sus casas, sino que ordenó el secuestro de sus miembros a un hotel secreto donde pasarían la noche. Fue una casualidad que esa misma noche hubo una fiesta de prensa y se celebró en el mismo hospedaje donde se estaba quedando el jurado. Nos enteramos mucho después... ¡tan cerca y tan lejos!

Esa noche, por fin el doctor Ricardo Martínez habló con *Primer Impacto* en exclusiva. Hubiese querido entrevistarlo personalmente, pero la sentencia se iba a saber en cualquier segundo, y era muy arriesgado que yo volara hasta Monterrey. Por eso enviamos a nuestro reportero Ricardo Vela.

A lo mejor porque eran tocayos, los dos Ricardos se cayeron bien y aunque apenas charlaron un par de horas, el médico le dijo cosas interesantes.

Contó cómo conoció a la cantante. Habló de las actividades económicas de Selena en Monterrey, y de cómo "su papá nunca estuvo de acuerdo en que abriera un negocio en México. Él manejaba todo su dinero, y si no estaba de acuerdo, no le daba dinero para sus actividades". Reconoció que sus declaraciones enfurecerían a Quintanilla, pero pareció no importarle.

Martinez también dijo:

—La relación entre Selena y Yolanda era de empleada y dueña, pero eso sí, con mucha confianza. Sin embargo, al final yo noté que Selena no tenía tanta confianza, la relación se había enfriado. Selena tenía problemas con su familia por culpa de esa amistad.

—¿Y sobre los eventos previos al 31 de marzo, qué puede decirnos? —preguntó Ricardo, el reportero.

—Yolanda me llamó el día 29 de marzo, habló con mi secretaria y le comentó que la habían violado y que había perdido unos papeles importantes de Selena. Yo no le creí. Luego, Selena me llamó el 30 de marzo, me comentó sobre la supuesta violación y dijo que Yolanda le había pedido que fuera *sola* a verla al motel y yo le aconsejé que fuese acompañada. —Luego de reflexionar un momento, agregó—: Yo no hubiera confiado nunca en Yolanda Saldívar.

Supuestamente, la mañana de su muerte Selena volvió a llamarlo, pero él no pudo cojer al teléfono porque estaba operando a una paciente. Nunca más volverían a hablar.

Para cerrar, hizo una importante revelación sobre el estado de ánimo de la cantante:

—La amistad entre Selena y Yolanda fue el resultado de la soledad en que se encontraba Selena. Por eso Yolanda se volvió su confidente, porque Selena no tenía amigos; su trabajo no se lo permitía y precisaba de alguien con quien desahogarse. —Dijo que Selena le había confesado que quería divorciarse de su esposo, porque Chris no la apoyaba en sus cosas, porque habían tomado rumbos diferentes.

A petición mía, Vela le preguntó si él y Selena habían sido amantes. El doctor se puso visiblemente nervioso y lo negó. Cuando otra colega periodista lo entrevistó tiempo después, Martínez reaccionó de igual forma, pero su respuesta fue más explícita.

Y es que a raíz de esa exclusiva otros medios le cayeron encima a Martínez como buitres. Él calló por largo rato y cuando se decidió a revelar más en una entrevista en la revista *US*, hizo declaraciones impactantes sobre la relación entre él y la cantante y el papel que jugó Yolanda en todo. No entraré en detalles ahora porque, para ponerlo en perspectiva, es necesario que sepan lo que me reveló Yolanda en la entrevista exclusiva que me concedería en cuestión de semanas.

No sólo Martínez habló con nuestro programa. Para el asombro de todos, la madre de Selena, que nunca había dicho palabra desde la pérdida de su hija, también rompió su largo silencio. Marcella Quintanilla se veía frágil, pero con una voluntad de acero declaró:

—No odio a Yolanda Saldívar; odio lo que ella hizo.

Sobre el juicio se limitó a decir que ningún veredicto ni castigo le iba a devolver a su hija. Sin duda, Marcella se comportó de principio a fin, como toda una dama, digna de admiración.

En la mañana del 26 de octubre, Arnold pasó por nuestro tráiler a saludar y se veía contento. Él estaba convencido de que mientras más tiempo se tomara el jurado en considerar la sentencia, más leve sería el castigo de Yolanda. Dentro de poco vería su error.

Al poco rato, me estacioné pacientemente frente a las cámaras del estudio callejero de *Primer Impacto* en espera del veredicto, a la hora que fuese. Quería evitar que la noticia me tomara desprevenida y estar lista para ir en vivo, de ser necesario, en cualquier momento. Nuestro director técnico tuvo el buen juicio de conectar el IFB que yo me había colocado en la oreja, al mismo sistema de comunicación de la corte, el que alimentaba las bocinas colocadas en los tráilers de la prensa, para que los periodistas supiesen lo que pasaba en la sala en todo momento. Así me enteré, instantáneamente, que el jurado había tomado una decisión y que la sentencia se anunciaría en cuestión de minutos. Eran las 2:30 de la tarde.

Arriba, en la sala, Rangel también estaba listo. Él iba a observarlo todo y después bajaría a relatar lo que vio en mi programa.

El ritual fue casi el mismo que el del día en que declararon culpable a Yolanda. La corte estaba repleta y afuera el público pedía la pena máxima.

El jurado entró a la sala tras haber deliberado durante nueve horas en un período de dos días. Westergren le preguntó a Yolanda si quería decir algo antes de la lectura del veredicto. Ella declinó.

Pasaron apenas unos segundos, y el juez leyó la sentencia: "Cadena perpetua".

Esas dos palabras acabaron de un solo golpe con la vida de Yolanda Saldívar. Tendría que pasar por lo menos treinta años en la cárcel antes de ser elegible para obtener la libertad bajo palabra. Su abogado la abrazó, y ella se aferró a él mientras repetía en inglés: "Oh, Mr. Tinker! Oh, Mr. Tinker!". Los Saldívar dieron rienda suelta a su pena. Los Quintanilla no se mostraron ni contentos, ni aliviados, pues seguro se sentían como zombies luego de tantos meses de agonía. Ellos se acercaron a los miembros del jurado para agradecerles su veredicto y luego abandonaron la sala rápidamente.

El juez permitió que los padres de Yolanda se acercaran a su hija. Juanita la abrazó y le dijo que la adoraba. Frank sólo le aconsejó que leyera su Biblia y que no olvidara que Dios algún día le haría justicia. La sentenciada entró en una regresión y lloró como una niña. Al poco rato, los oficiales se la llevaron esposada. La sala quedó completamente vacía y en silencio, como si allí nada hubiese pasado en las últimas tres semanas.

En la calle fue al revés. La gente comenzó a gritar desaforada, como si todos estuviesen poseídos colectivamente. La fiesta duró varias horas. Pero me consta que esa euforia incomodó a muchas personas. Marielena Avalos, una recepcionista de treinta y tres años que estuvo en la corte cuando se anunció la decisión, dijo a un reportero de Houston:

—Soy fanática de Selena y tal vez si hubiese estado con la multitud aquí afuera también estaría celebrando. Pero ellos [el público] no saben por lo que está pasando la familia [Saldívar].

Sin duda, la sentencia de Yolanda no podía devolvernos a Selena y ese veredicto final sólo ratificaba que en esta tragedia no una, sino dos familias habían perdido a sus queridas hijas. Sí, al matar a Selena, Yolanda también se mató a si misma.

Me pareció una cuestión de principio hacer ese señalamiento en mi programa esa tarde, y lo hice a sabiendas de que, hasta ese momento, ningún periodista se había atrevido a ir en contra de esa corriente humana que parecía tener una sed insaciable de venganza. Rangel y Castillo estaban de acuerdo. Ellos opinaron en el show que en vez de un día de fiesta, debía ser un día de recogimiento. Y yo dije algo así como "la venganza es la justicia del hombre común, la justicia es la venganza del hombre civilizado". La cita no era mía y ni recuerdo de quién es, pero me pareció muy apropiada.

A la salida del edificio, una empleada de la corte dijo en voz baja que consideraba excesivo el castigo impuesto a la convicta, tratándose de una primera ofensa. En un tono muy serio, dijo que si la víctima hubiese sido otra persona, no famosa, la acusada hubiese recibido una sentencia mucho menos severa.

Pero esa tarde, en una última conferencia de prensa, Valdez declaró que el pueblo de Corpus había ido a Houston en busca de justicia y la había obtenido. El fiscal prometió que continuaría investigando el supuesto robo cometido por Yolanda contra las empresas de Selena y que volvería a llevarla ante los tribunales para ser juzgada por fraude. Al rato, lo vi entre la multitud firmando autógrafos en billetes de un dólar y cargando bebés como un político. Al fin y al cabo, él estaba presentándose para reelección. El público lo vitoreaba como a un héroe. Más tarde, el fiscal y el resto de su equipo abandonaron la corte para celebrar juntos en un restaurante de comida india.

Tinker, por el contrario, tenía la cara desencajada. En su breve declaración a la prensa anunció que apelaría el caso. El defensor se subió a su auto y seguramente se fue a navegar en su velero. Es su pasatiempo favorito, y acostumbra irse al mar cuando necesita meditar y despejar su mente.

Llamé a María Elida para ver si su familia deseaba hacer una declaración oficial, pero no la encontré. Se había marchado con los suyos, de vuelta a San Antonio. Llamé a su casa y me atendió Virginia, otra hermana de Yolanda. Ella me dijo llorando que María Elida, quien es diabética, había sido hospitalizada de emergencia porque el mal rato le había subido el azúcar.

También traté de conseguir a los Quintanilla pero tampoco di con ellos.

Arnold parecía un alma en pena, tenía los ojos aguados —no sé si por la tristeza o porque se había dado un trago para ahogar la decepción— estaba más callado que lo usual, fumando sin parar y tosiendo como nunca.

Tina Valenzuela, la ayudante de Tinker, también quedó muy afectada, después de todo ella y Yolanda se habían hecho íntimas en los últimos meses. La vi salir y logré entrevistarla casi corriendo, entre el lío de cables e instalaciones de la sección de prensa. Me dijo que siempre seguiría siendo amiga de Yolanda.

—Yo no me voy a olvidar de ella y le voy a mandar fotos de mi hija para que la vea creciendo —me aseguró.

Tan pronto se dictó la sentencia, uno de mis contactos secretos en la corte me había hecho llegar la lista de los jurados con sus direcciones y teléfonos. Debíamos conseguir a uno de inmediato para entrevistarlo, no sólo porque era lo lógico si queríamos realizar una cobertura completa, sino porque también estábamos "bajo amenaza" de nuestra directora del departamento de noticias de Univision. Alina Falcón me había advertido que si no conseguía esa misma noche a un miembro del jurado, me tenía que quedar otro día más hasta que lo lograra. Luego de todo ese tiempo en Houston, estaba agotada, deseando volver a casa. Así que le aseguré a Alina:

—Quédate tranquila, que lo consigo como sea, hoy mismo.

Con lista en mano empezé a llamar uno por uno a los integrantes del panel. Algunos todavía no habían llegado a sus casas, otros no hablaban ni gota de español. El reloj estaba en mi contra. Por fin di con José Estimbo, un jurado hispano que no dominaba el castellano perfectamente, pero al menos se le entendía. Tuve que convencerlo para que hablara conmigo en cámara. Al principio se negaba, pues temía faltar a su palabra. Había acordado con sus compañeros que nada de lo conversado entre ellos se repetiría fuera de la sala de deliberaciones.

—Por lo menos habla de lo que puedas —le dije.

—¿Pero no tendré problemas luego? —me preguntó Estimbo asustado.

—¿Por qué? —le respondí—, si ya todo terminó.

Finalmente accedió y me explicó cómo llegar a su casa que, por cierto, quedaba lejísimos de la corte. Salí corriendo, aprovechando el intervalo de tiempo que tenía disponible antes de la emisión de mi programa que nos faltaba por hacer en vivo para la audiencia de la costa del pacífico. Eso quería decir que tenía sólo dos horas para viajar una media hora en auto, entrevistar a Estimbo, manejar de vuelta y editar el reportaje... ¡Hay que ser un poco loco para estar en este negocio!

De camino, mis compañeros camarógrafos prendieron la radio. Por casualidad, escuchamos cuando un locutor hizo referencia a los comentarios que yo acababa de hacer en mi programa criticando la celebración callejera. Él también estaba de acuerdo en que había que ser prudentes. De ahí en adelante, llovieron las llamadas de los radioescuchas apoyando esa posición.

José Estimbo nos recibió en su casa. Estaba relajado con una cerveza en mano. Mis camarógrafos, Angel y Carlitos, trabajaron a la velocidad de un rayo. Las preguntas debían ser directas y rápidas, de manera que fui al grano. Esta entrevista nos transportó a la mesa de deliberaciones, y no teníamos que hacer conjeturas.

—José, cuando tú comenzaste como jurado, ¿pensabas que Yolanda Saldívar era culpable o inocente?

—Inocente —respondió.

Sin embargo, después de escuchar la evidencia cambió de opinión.

—¿Alguna vez pensaste que a lo mejor a Yolanda Saldívar se le disparó el arma accidentalmente?

—No —respondió—, creo que lo hizo adrede.

Estimbo me explicó que para él y los demás miembros del panel Yolanda actuó como una asesina, no como amiga de Selena, porque después del disparo no soltó el arma, ni intentó socorrer a la víctima. Para ellos, el más convincente de los testigos fue el conserje del Days Inn, Trinidad Espinoza, quien dijo haber visto a Yolanda apuntarle a Selena con una frialdad asombrosa.

Aparentemente, el jurado llegó a un consenso sobre la culpabilidad de Yolanda temprano en el proceso. Sólo un miembro del panel tuvo dificultad en encontrar a Saldívar culpable de homicidio en primer grado y de mandarla después a la cárcel de por vida. Ese jurado era un anglosajón llamado Edward Kuhn. Estimbo explicó con notable orgullo cómo otro méxico-americano que estaba en el panel logró convencer a Kuhn en ambas ocasiones. Habló con tanta seguridad de sí mismo, que sólo atiné a preguntarle si estaba tranquilo con su conciencia.

—Yo voy a dormir bien —respondió.

Salimos de su casa corriendo y regresamos a la corte a toda velocidad. Teníamos apenas unos minutos para preparar la entrevista y salir al aire. Angel y Carlitos se merecen un premio porque editaron la pieza en la mitad del tiempo que normalmente requeriría. Gracias a ellos, todo estuvo listo treinta segundos antes de que el show comenzara. Cuando anuncié que teníamos las declaraciones de un jurado hispano en exclusiva, sentí cómo la competencia —a muy poca distancia de nosotros— se quedó helada. Sin duda, la entrevista exclusiva a José Estimbo consagraba a Univision como el medio que mejor cubrió el juicio de principio a fin. ¡Qué bueno es cerrar con broche de oro!

Al día siguiente cuando partí, pensé en Yolanda. Yo regresaba a mi vida, tenía un futuro por delante, y a esa misma hora ella estaba de regreso a la cárcel, enfrentando una cadena perpetua. Ella había sido condenada sin testificar y no me pasó por la mente esa mañana en el avión, que la volvería a ver tan pronto. Y menos aún que ella tomaría el banquillo de los testigos conmigo, que yo le haría contestar las preguntas que el fiscal nunca pudo, y que a través de mi entrevista, el público escucharía de los labios de la convicta asesina por primera vez lo que pasó en la habitación 158.

La entrevista con Yolanda Saldívar

NOVIEMBRE 1995

Las mujeres que entraron al baño de damas del aeropuerto de Houston seguramente pensaron que yo estaba loca. Sin duda, verme lavándome el cabello en el lavamanos de un baño público debió haber sido todo un espectáculo. Pero no me importó. En ese momento, tenía que concentrarme en mi encuentro con Yolanda, que finalmente iba a efectuarse en sólo un par de horas. Dependía de mí que la entrevista fuera la más importante en mucho tiempo.

Mientras me miraba al espejo, con la cabeza llena de champú, las imágenes de todos los episodios recientes que me llevaron hasta allí comenzaron a correr en mi mente como una película. Inmediatamente después del juicio, hacía apenas una semana, Yolanda me llamó a Miami para informarme que estaba lista para contarle al mundo su versión de los hechos y para decirme que iba a cumplir su promesa de hablar solamente con un miembro de la prensa, y que esa persona iba a ser yo.

Pasamos varios días coordinando por teléfono los pormenores de la entrevista, que iba a tener lugar en la cárcel del condado de Nueces, en Corpus Christi. Ella estaba encarcelada allí, mientras la trasladaban al lugar donde cumpliría su condena: la penitenciaria de Gatesville, Texas. Hubo unos cuantos vaivenes antes de que llegáramos a un acuerdo final. Entre otras cosas, Yolanda quería saber qué yo le iba a preguntar durante la entrevista, pero me limité a decirle que mis preguntas serían fuertes y girarían en torno a su relación con Selena, a los eventos que tuvieron lugar en y antes del 31 de marzo y, por supuesto, al juicio. Finalmente, aceptó que yo no le daría más detalles. También ella se empeño en usar ropa de civil durante el programa, o de lo contrario no saldría por televisión. Hubo que esperar a que el juez Westergren concediera un permiso especial para que Yolanda se cambiara su uniforme de prisionera por un rato. Por supuesto que la autorización del juez tardó en llegar. Teníamos todo listo para volar a Corpus y todavía no llegaba el dichoso papel. Cuando me dieron la noticia de que todo había sido aprobado casi no pude creerlo... ¡Por fin tenía la exclusiva! Esa noche no pegué ojo. Tendría el privilegio de ser el instrumento que ayudaría al público a descifrar ese enigma llamado Yolanda Saldívar y el misterio de lo que se habló en la habitación 158.

En la mañana de la entrevista, todo lo que pudo salir mal, salió peor. A última hora, la aerolínea canceló el vuelo de Miami a Houston, y tras esperar tres horas, tuvimos que tomar otro avión que no llegó a tiempo para hacer la conexión a Corpus Christi. ¿Sería posible que después de tanto esfuerzo, todo fracasara por culpa de esta absurda situación? Cuando aterrizamos en Houston, nos informaron que tendríamos que esperar un vuelo a Corpus que llegaría a esa ciudad mucho más tarde. Miré el reloj y calculé que a mi llegada a Corpus, no tendría tiempo para bañarme en el hotel como originalmente había planificado. Así que lo único que podía hacer para llegar a tiempo a la entrevista y verme presentable, era la "locura" que la gente vio en el baño del aeropuerto.

Enjuagarme fue muy difícil. Con la prisa, el agua se regó por el piso y no tuve oportunidad de pedir disculpas por el caos a los empleados encargados de la limpieza. Secarme el cabello fue peor, pues a falta de toalla tuve que recurrir al papel higiénico... Sinceramente, no lo recomiendo. Mientras realizaba esa complicada maniobra, recordé el tono de Yolanda durante nuestra más reciente conversación telefónica. Me explicó que sus abogados no querían que fuese entrevistada porque pensaban apelar el caso y no querían correr el riesgo de que ella dijera algo que afectara ese proceso. Pero Yolanda estaba determinada y me dijo:

—Hasta ahora todo el mundo ha controlado la situación, pero de ahora en adelante yo soy la que va a controlar todo. — Me pregunté cómo esa decisión podría afectar la entrevista y me propuse que *a mi* Yolanda no me iba a controlar.

En esa conversación telefónica, ella volvió a hablarme sobre "el secreto". Pero Yolanda ya no sonaba vulnerable como la primera vez que me habló sobre el tema, sino más bien calculadora. Me advirtió claramente que todo lo que estaba diciendo en esta ocasión debía ser considerado *off the record*, o sea que era estrictamente confidencial y no para ser divulgado en ningún tipo de reportaje. Ella sabía muy bien que esa imposición me impedía profesionalmente utilizar la información, pues en el periodismo el término *off the record* tiene la misma fuerza que una confesión hecha a un sacerdote. El periodista, bajo ningún concepto, puede revelar el secreto confiado. De hecho, muchos colegas han preferido ir a la cárcel, antes que obedecer las órdenes de un juez que les ha exigido confesar el nombre de "su fuente" o como en este caso, lo que le confió. Si un reportero lo hiciera, quedaría desprestigiado de por vida. Nadie volvería a confiarle nada.

Mientras me peinaba el cabello, empecé a prepararme psicológicamente para mi encuentro con Yolanda. Me enfoqué en el estilo en que iba a conducir la entrevista. Quería que fuera una conversación, no una confrontación, y recé para poder lograr un balance entre el respeto y la firmeza. Mi meta era lograr que el reportaje se transformara en un diálogo durante el cual Yolanda dijera más de lo que todos esperaban, más de lo que ella misma tenía planeado decir.

Cuando terminé de arreglarme, ya estaban abordando el vuelo a Corpus. En el avión me senté junto a mi productora María López para discutir el formato del programa.

Al llegar a Corpus, fuimos directamente a la cárcel. Para nuestra sorpresa, allí nos esperaban varios reporteros de estaciones locales, que estaban cubriendo el hecho de que Yolanda iba a romper su silencio. No me imagino cómo se enteraron que la entrevista iba a tener lugar, pero estaban verdes de envidia porque Yolanda nos iba a conceder una audiencia en exclusiva. Mientras María López daba instrucciones al personal técnico de *Primer Impacto* para que bajara el equipo para la filmación, varios colegas se me acercaron para que les diera un adelanto. Pero en verdad, nada podía decir de un "evento" que no había acontecido y tampoco quería comentar algo que fuese a perjudicar al último minuto la entrevista, ya que no iba a ser transmitida sino hasta unos días después. Por suerte, fuimos interrumpidos por el director de la prisión, que muy amablemente salió a recibirme y me llevó dentro del penal. Una vez allí, él me confesó que los periodistas que se quedaron afuera se habían pasado la mañana protestando porque a ellos no se les permitía hablar con

Saldívar. Lo que ellos no sabían era que el director nada podía hacer sin el consentimiento de Yolanda, y ella sólo quería hablar conmigo. Yolanda estaba en control.

El director de la cárcel me informó que un miembro de la defensa de Yolanda me estaba esperando para hablar conmigo *antes* de que comenzara la entrevista. Sentí que el corazón se me subía a la garganta, y pensé lo peor. Como recuerdan, ya en Corpus Yolanda me había cancelado al último minuto. ¿Acaso quería notificarme a través de uno de sus abogados que había cambiado de parecer una vez más?

El alma me volvió al cuerpo cuando entré a la celda de Yolanda y Arnold García me recibió con su sonrisa habitual diciéndome:

—Sólo quería saludarte antes de que empezaran a grabar.

Parada detrás de Arnold, estaba Yolanda. Llevaba una chaqueta roja.

—La misma que usaste el primer día del juicio —le recordé para romper el hielo. Ella se rió de buena gana, y me confesó que le sorprendía mi buena memoria. Estaba nerviosa, al igual que yo.

Tina Valenzuela, la ayudante del abogado Tinker, también estaba presente en señal de apoyo en este día tan importante para su amiga Yolanda. La saludé y todos empezamos a hablar de cosas triviales, lo que ayudó a disipar la tensión inicial. Yolanda me presentó a la agente encargada de vigilar su celda como una asidua televidente de *Primer Impacto*.

Al poco rato, una escolta de guardas de seguridad vino por nosotros. Nos llevaron al salón donde se iba a llevar a cabo la entrevista. Arnold y Tina se quedaron afuera, al igual que los guardas.

Tan pronto se cerró la puerta, Yolanda volvió a ponerse nerviosa. Era un momento decisivo para ella. Mientras los técnicos les daban los toques finales a las luces, ella me dijo que se sentía desesperada por contar "su verdad". Aproveché para recordarle que habrían preguntas fuertes. Me contestó que no tenía ningún problema con eso. A los pocos minutos, comenzamos.

Lo primero que hice fue preguntarle lo obvio:

—¿Por qué has decidido romper tu silencio?

Su respuesta fue simple:

—Creo que la gente quiere saber mi historia. —Estaba en lo cierto, pero, ¿por qué esperar hasta ahora? Yolanda dijo que su decisión vino a raíz de una serie de extraños sucesos. Explicó que Selena se le había aparecido en sueños, y le había pedido que ya no guardara más silencio, que dijese toda la verdad. Además, mostró una carta, sin firma, en la que una persona anónima le relataba una experiencia mística que había tenido, durante la cual se había comunicado con el espíritu de Selena. Según lee la carta de la "psíquica", Selena no tenía nada que perdonarle a Yolanda. Creo saber lo que estaba pasando. Yolanda estaba diciéndole al público indirectamente que el supuesto mensaje que Selena le había enviado a ella antes, a través del astrólogo de *Primer Impacto*, Walter Mercado, estaba equivocado. Como recuerdan, en mi programa Walter había dicho que se había comunicado psíquicamente con Selena y que la cantante le dijo que "perdonaba" a Yolanda. En aquel entonces, Yolanda se puso furiosa por el comentario de Walter. Me parecía inverosímil que en la situación extrema en que ahora se encontraba Yolanda, presa de por vida, todavía se preocupara por las declaraciones de un astrólogo.

Yolanda leyó un fragmento de la carta, en donde supuestamente "Selena" le pedía a ella que revelara toda la verdad:

—Di mi historia, di tu historia y recuerda que yo te doy mil gracias por tu amor como madre para mí. Yo sé bien que todo es culpa de la persona que nos llevó a ese cuarto, yo sé qué te hizo a ti, yo sé qué me hizo a mí. Yo sé que tú no quisiste que yo muriera... tú y yo tenemos muchos secretos juntas y te doy permiso para revelarlos... sé que lo harás de una manera justa... ya no necesitas guardar esas verdades dentro de ti... —Yolanda hizo una breve pausa para respirar profundamente y siguió leyendo el supuesto mensaje de Selena—: yo no descansaré, madre, no me moveré al otro lado hasta que todo se sepa.

Le pregunté cuál era esa verdad y por primera vez ella dijo públicamente que todo era parte de un secreto. Un secreto que supuestamente fue clave en los episodios del 31 de marzo. Me aseguró que la discusión en la habitación 158 del Days Inn fue sobre ese tema.

Insistí en que lo revelara. Después de todo, ella ya tenía "permiso" de Selena para hacerlo. ¿Por qué no aclarar las cosas?

—Yo me siento que estoy contra una pared, que quiero decir todo, pero no puedo porque mi caso está en apelación y mis abogados me han dicho que no es prudente hablar de eso. Cuando llegue el momento, yo diré todo lo que mi hija quiere que diga —explicó Yolanda. Me llamó la atención que se refiriese a Selena como "mi hija", y que en la supuesta carta "Selena" la llamara "madre". Le pedí que explicara esa situación tan poco usual.

—Así era la relación entre ella y yo, ella es mi hija. Ella me decía mamá, madre, mom, nunca me decía Yolanda —respondió.

Traté de aclarar la cosa diciéndole:

—Yolanda, sabes que nuestra audiencia va a pensar que si Selena estuviese viva, ella misma podría contar "esa verdad". Pero ella está muerta, porque tú la mataste...

—Te digo María, y Dios y Selena contestan conmigo, que todo fue un accidente. No soy una asesina a sangre fría. Que Dios perdone a los que me han acusado de serlo. Las cosas no pasaron como dijo el fiscal... mis abogados y yo pensamos que él nunca probó el intento de asesinato... nosotros ganamos la causa.

—Pero el jurado le creyó al fiscal —aseveré.

—Porque los miembros del jurado ya tenían su opinión formada antes de que comenzara el júicio —Luego, con resignación, agregó—: No los culpo por eso, ni les tengo rencor, porque Selena no quiere que yo tenga rencor.

Antes de continuar hablando sobre el juicio, quise que Yolanda aclarara de una vez por todas su relación con la cantante. Sin preámbulos le pregunté:

—¿Tú eres lesbiana y estabas enamorada de Selena?

—No —respondió con una seguridad indiscutible—, eso es una mentira inventada por dos personas, el diseñador de ropa, Martín Gómez y Abraham Quintanilla. Yo no soy lesbiana.

Quise que fuera más especifica:

—¿A ti te gustan los hombres?

—A mí me gustan los hombres, he tenido novios, yo nunca he aprobado eso del lesbianismo. Selena y yo leíamos La Biblia, y en ella se habla del amor entre un hombre y una mujer. Así debe ser.

Este fue uno de los momentos en la entrevista en que sentí a Yolanda sincera y contundente. En cuanto a este punto, me convenció. No fue así en otros.

Busqué aclarar otra acusación en su contra:

—¿Alguna vez le robaste dinero a Selena, sí o no? —Ella me contestó con firmeza—: Yo a mi hija nunca le he tomado un centavo.

Fue un buen momento para preguntarle cómo surgió su amistad con la reina del Tex-Mex.

—A mí no me gustaba la música tejana —recordó. Fue "Baila Esta Cumbia" la canción que primero le llamó la atención, pero no sabía quién era su intérprete. Un día, su sobrina la llevó a un concierto de Selena. —Cuando yo la vi, me sorprendió que tuviera tanto talento. Ella alumbraba a la gente, tenía algo especial que aunque no te gustara su música, al verla cantando, sí te gustaba —aseguró. A partir de ese día, nació la idea de fundar un fan club: —Todos los demás artistas tenían un club de fanáticos, ¿por qué nadie había empezado algo así para Selena? Me interesé porque en aquel entonces yo era enfermera y lo vi como algo diferente que me gustaría hacer.

Yolanda describió en detalle el proceso de organización del club, su amistad con Suzette Quintanilla y cómo, tras seis meses a la cabeza del club de admiradores, finalmente conoció a Selena.

—Fue muy amable, muy, muy amable. Selena es una persona que se da a querer —me dijo con su rostro iluminado.

—¿*Es* una persona? *Era* una persona —le recordé.

Mi aclaración la sacó de control, y se le quebró la voz:

—¡Yo no puedo aceptar que ella no esté aquí! No importa María, qué condena me den. Aunque quieran matarme mañana o si me mandan a encerrar para siempre... eso no importa... mi hija siempre va a estar presente conmigo.

En ese momento, decidí ponerlo todo en perspectiva.

—Tú sigues llamando a Selena "hija", y me has explicado que es porque la querías como a una hija... pero tú entiendes que nuestros televidentes escuchan a una mujer que llama a Selena "hija", aún sabiendo que no es su hija, dice que no acepta que el jurado la haya condenado porque cree que ganó su caso, aún cuando la condenaron y para colmo no acepta que Selena esté muerta, porque hace un rato te referiste a ella en tiempo presente... ¿tú entiendes que van a pensar que eres una persona que no está en contacto con la realidad?

—Yo entiendo, pero no importa —respondió emocionada—. Estoy muerta en vida, María. Los días para mí son sólo
eso, días. No los estoy viviendo. Para mí no hay felicidad, no
hay alegría, no hay armonía. —Me confesó que poco le importaba lo que la gente pensara sobre sus palabras, pues para ella
todo estaba terminado. De ser así, sólo cabía una pregunta:

—Desde que fuiste condenada a cadena perpetua, ¿has
vuelto a considerar el suicidio?

—Sí —respondió—, pero Selena me detiene cuando sueño
con ella por las noches.

Otra vez surgía esa espeluznante referencia a los efectos de
que, de alguna forma, ya fuese mental o espiritualmente, ella se
comunicaba con la cantante. Antes de que la entrevista pareciera
sacada del programa *Dimensión desconocida,* cambié el tema.

Le pedí que me mirara fijamente a los ojos y cuando lo
hizo, le pregunté:

—¿Tú la mataste con intención o no?

—No, nunca —respondió llorando.

Yo sabía que Yolanda era y es de una gran devoción religiosa y aproveché para enfatizar:

—¿Estarías dispuesta a jurar ante Dios, sobre una Biblia,
que éso es así?

—Sí, porque mi Dios sabe que fue un accidente... y estoy
en paz con Dios y estoy en paz con Selena.

Le pregunté:

—¿Te sientes arrepentida de lo que pasó? —Y me contestó:

—De cierta forma sí, las cosas pudieron ser de otra manera,
si tan sólo la gente que estaba cerca de ella le hubiese prestado
atención. María, te digo sinceramente que Selena estaba sufriendo mucho.

—¿Por qué sufría, Yolanda, qué le pasaba?

—Eso es lo que no te puedo revelar en este momento.

—¿Cuándo lo vas a revelar, después de la apelación?

—Exactamente.

Había llegado el momento de preguntarle sobre lo que pasó en la habitación 158, pero justo en ese momento, la videocinta donde estábamos grabando la entrevista, se terminó. Mientras la cambiaban, Tina entró al salón para despedirse. Antes de irse, se acercó a Yolanda y le dijo algo al oído. Tan pronto Tina se fue, Yolanda empezó a llorar histéricamente. Le pregunté qué había pasado, pero ella sólo apretaba el puño contra su pecho, y gritaba:

—¡Por favor, no me la quiten, no me la quiten! —Yo llegué a pensar que alguien había muerto. Discretamente, todos la dejamos a solas con el jefe de los guardas de seguridad que había entrado al escuchar la conmoción. Él se quedó para calmarla.

Al rato, volvimos a la sala. Entre sollozos y en privado, ella me contó su nueva pena. Habían suspendido a una de las guardas de la cárcel, encargada de su seguridad. La joven se había hecho su amiga y confidente. La habían sancionado por acercarse demasiado a "la reclusa", olvidando que uno de sus principales deberes era mantenerse emocionalmente distante de las confinadas.

—Era la única persona que me daba apoyo aquí. Mis padres me visitan, pero no puedo tocarlos. A ella yo la podía abrazar cuando me desesperaba. Ella me consolaba —me dijo Yolanda. Me quedé sin aliento. Fue ahí cuando me di cuenta de las terribles condiciones de aislamiento en que se encontraba mi entrevistada. Para protegerla de las muchas amenazas de muerte que había recibido, a Yolanda no se le permitía el contacto con otras reclusas.

Yolanda había llorado tanto que el maquillaje se le había corrido por completo. Su cara estaba toda manchada por lágrimas negras de rímel. María López y yo le prestamos algunas cosas para que se retocara. Mientras ella se arreglaba, me fui a hablar aparte con el guarda que se había sentado a consolarla. Él me explicó el motivo de la reacción de Yolanda.

—En la cárcel, los presos se aferran a lo poco que tienen, tanto a nivel material como emocional. Cuando algo de eso, por mínimo que sea, se les arrebata, estallan en una crisis. —Luego, respiró hondamente y me reveló lo siguiente—: En todos mis años en el sistema carcelario he visto a muchos presos que se dicen ser inocentes... pero hasta ahora sólo le he creído a Yolanda.

Me quedé intrigada. ¿Qué le habría dicho Yolanda para convencerlo? Con esa pregunta dándome vueltas en la cabeza, me llamaron para decirme que todo estaba listo para continuar con la entrevista.

Con mis preguntas, la llevé a aquel fatídico 31 de marzo, en la habitación 158. Ella estaba tensa.

—Se ha dicho que le pediste a Selena que fuera a verte al motel *sola,* ¿por qué lo hiciste? —le cuestioné.

—Yo no le dije eso —desmintió—. Al contrario, yo le rogué que no viniera al motel. Yo nunca, nunca le dije que viniera al motel. Ella vino por su propia voluntad. Si te revelo para qué vino, te voy a revelar la verdad que no puedo decir. —No quiso decir más. ¿Qué era lo que iba a hacer la reina del Tex-Mex? ¿Tenía que ver con la valija llena con su ropa que se encontró luego en la habitación?

—Yolanda, ¿tú en verdad querías suicidarte ese día?

—Sí. Yo no podía más con la carga de ese secreto, no quería ser parte de eso, pero mi hija me decía que no la dejara sola. María, yo nunca tuve una hija. Cuando yo veía a mi hija llorar, me dolía el alma. Tres veces yo traté de salirme de su lado, pero Selena me decía que si la abandonaba ella se iba a caer al piso.

—No entiendo por qué te ibas a suicidar por un secreto —le dije.

—Porque lo que ella iba a hacer, lo que íbamos a hacer, no estaba bien. Yo vi eso muy peligroso para mí.

—Yolanda, ¿qué puede ser más peligroso que ponerte un revólver en la cabeza?

—Es que ya me habían amenazado físicamente y me habían hecho otras cosas... no quería seguir adelante. Pero ella me pedía que no la dejara sola.

—Si te suicidabas, de todos modos la ibas a dejar sola —insistí.

—Sí, pero me llevaba el secreto conmigo... ¿entiendes?

En verdad me daba mucho trabajo entender su lógica.

Le pedí que me contara cómo decidió sacar el revólver. En primer lugar, alegó que fue Selena quien sacó el arma.

—¿Para qué, si la que se quería suicidar eras tú? —le pregunté extrañada. Yolanda comenzó a explicarse. Ellas estaban discutiendo sobre el secreto, cuando supuestamente Selena agarró un bolso que tenía Yolanda (tal vez en busca de documentos u otro artículo) y vació todo su contenido sobre la cama. Entre las pertenencias que había dentro del bolso estaba el revólver. Yolanda volvió a meter todo dentro, menos el arma. Le dió el bolso a Selena y le pidió que se fuera. Según ella la cantante lloraba "profundamente", pues temía que Yolanda se quitara la vida. Yolanda le prometió a su amiga nunca revelar el secreto.

—Entonces ella se hincó, me agarró de las piernas y me dijo—, "¡no me dejes, no me dejes!" Yo le dije, "Ya no puedo más. Si no te ayudo a ti, no le ayudo a nadie". Le repetí, "Hija quiero que te vayas, vete", y no se quería ir, María. La puerta estaba abierta, entonces me dijo "Madre, vamos a hablar", pero yo le dije que ya no me iba a convencer.

Yolanda seguía repitiéndose, parecía estar poseída por la

misma emoción de aquel terrible momento. Le pedí que fuera al grano.

—¿Entonces qué pasó? Tú dices que fue un accidente, explícame con tus manos cómo sucedió, qué hiciste con el revólver?

Ella titubeó por un instante, y lo que vino después fue impactante. Yolanda procedió a revivir todo gesto por gesto. Hizo con su mano como si tomara el arma y se la apuntara a la sien para suicidarse. Dijo con voz desesperada:

—Selena fue hacia la puerta para cerrarla, para que pudiéramos hablar... —De repente, su tono cambió y la escuché fría y calculadora—, ... fue entonces cuando le dije *no cierres la puerta*... —y concluyó de manera accidental— ...que se me escapó el tiro.

Cuando noté esos tres diferentes cambios en su matiz de voz, en esa sola oración, sentí que fui testigo de tres diferentes cambios de personalidad. No sé si el público captó eso, pues hay sutilezas que se pierden a través del lente de una cámara, pero yo que la tenía de frente les puedo asegurar que así fue.

Al hacer esa declaración, Yolanda se contradijo. Lo que la habíamos escuchado decir en las grabaciones cuando estaba parapetada en la camioneta era muy distinto. En la versión que le dio a los oficiales que trataban de negociar su entrega, ella sostuvo que le había indicado a Selena que *cerrara* la puerta, no que la dejara abierta.

—¿Luego del balazo, qué hiciste? —le pregunté.

—Me quedé en shock.

—¿No pensaste que la habías herido?

—No —me respondió—. Yo no más vi que ella salió.

—¿Por qué Selena salió corriendo como una persona que tiene miedo? ¿Por qué no se volteó y dijo "Yolanda qué me has hecho, estoy herida"?

—Porque todo fue muy rápido... —respondió—. Si a mí me hubieran pegado un tiro también hubiera corrido por ayuda.

—¿Pero, ¿por qué no te pidió ayuda *a ti* que eres enfermera? ¿Quién mejor que tú?

—No sé, te digo que todo pasó muy rápido, yo salí detrás de ella y ya no la vi. —Estaba incómoda con mi insistencia.

—Yolanda, ¿por qué saliste de la habitación con la pistola en la mano?

—Porque no quería que se fuera a disparar otra vez. —Ella negó que hubiese perseguido a Selena apuntándole con el arma, como dijeron algunos testigos en el juicio.

Le recordé que en el proceso en su contra, la fiscalía había concluido que uno de los actos que más la incriminaban era, precisamente, el haber salido del cuarto armada. Según los fiscales, lo lógico es que una persona que ha disparado un arma de manera accidental suelte el revólver para evitar que se vuelva a disparar sin querer, no que salga corriendo con el arma "defectuosa" en mano. Ella se justificó diciéndome que se llevó el arma consigo para evitar que alguien se lastimara y que luego la culparan a ella por ser la dueña del revólver.

Saqué a relucir otro de los puntos que terminó de convencer al jurado de su culpabilidad: el que, siendo enfermera, no hubiera llamado al número de emergencia 911 para pedir ayuda médica para Selena.

—¿Cómo saben ellos que yo no llamé? —me preguntó ella a mí.

Le contesté con otra pregunta:

—¿Tú llamaste al 911?

—Eso no lo puedo discutir —me dijo.

—Si llamaste al 911, ¿por qué tu defensa no lo utilizó?

—Porque yo no tenía que probar mi inocencia, el peso de probar la culpabilidad recaía sobre el fiscal.

—Pero, ¿qué mejor forma de aplacar el tema, que diciendo en corte "señores, esta mujer llamó a pedir ayuda, aquí está la transcripción de la llamada"?

Ella trató de cambiar el tema. No la dejé.

—De haber llamado, esa grabación existiría. Pero no existe —le dije.

—No puedo hablar de eso, por mi apelación —contestó.

Cansada de las respuestas evasivas, me fui por otro rumbo.

—Dices que no sabías que Selena estaba herida...

—No lo sabía —me aseguró.

—Pero en la alfombra del cuarto había sangre —afirmé.

—Yo estaba tan asustada que no la vi.

Para terminar con el juego, le dije:

—Entonces, si no pensabas que Selena estaba herida, es lógico que no llamaras al 911 para pedir ayuda. —Quería que admitiese, lo que era obvio, que nunca había llamado. Una vez más, me contestó sin contestarme.

—Yo no sabía que ella estaba herida. Por eso salí a buscarla y cuando no la encontré, supuse "ay, qué bueno la bala no le pegó". Me subí a la camioneta para seguir buscando a mi hija. Sí, me llevé la pistola conmigo, porque era mi pistola.

Hablamos sobre las nueve horas que pasó ese día parapetada en la camioneta y ella aseguró que se había cometido una injusticia en contra suya:

—Sólo se grabaron cinco horas. ¿Dónde estan las otras cuatro? Desde el principo yo estaba diciendo que fue un accidente, pero nunca me lo grabaron.

La sorprendí al preguntarle sobre el papel que jugó el Dr. Ricardo Martínez de Monterrey. Ella no quiso dar detalles:

—No te lo puedo revelar; quisiera, pero no puedo. Él es parte del secreto.

Le pedí que aclarara uno de los grandes misterios de todo

este asunto: el anillo que cayó de la mano de Selena cuando agonizaba camino al hospital.

Lo primero que me advirtió fue que "se han dicho muchas cosas de ese anillo, pero ninguna es verdad". La sortija era otro elemento del secreto que no quería dar a conocer.

—Dondequiera que íbamos, Selena me decía "si ves un huevo Farbergé me lo compras". Tenía una colección tremenda y lo único que le faltaba era un anillo —explicó.

Yolanda admitió que había pagado por la alhaja con las tarjetas de crédito de la boutique, pero insinuó que ella no era la verdadera compradora. Añadió:

—Cuando ella quería que yo hiciera algo, yo iba y lo hacía. El mes de enero ella estuvo muy enferma, ella me dijo "madre no tengo T-shirts, vé y cómprame". Yo le compré veinte.

Ahora surgía una nueva revelación: ¿Qué enfermedad había tenido Selena en enero? Previendo la respuesta, le dije con cierta frustración:

—¿No me digas que eso también es parte del secreto?

¡Bingo! Esa fue la respuesta que dio. Tanto misterio y resultó no ser ninguna enfermedad. Después confirmé que se trataba de la liposucción que le había hecho el Dr. Martínez a la cantante. Como él estaba involucrado, supongo que por eso ella decía que "la enfermedad" era parte del gran secreto.

Y con respecto al anillo, en muy poco tiempo otras personas revelarían el nombre de la persona que supuestamente ordenó la compra de la sortija para obsequiársela a Selena, usando a Yolanda como intermediaria.

En ese momento había una cosa clara: el anillo no había sido un regalo de Chris.

—Durante los meses que yo estuve trabajando con Selena, ella y Chris tenían problemas —y agregó que su amiga se sentía "muy sola, demasiado sola". Según ella, Chris no la apoyaba, a tal grado que Selena le había dicho que "hay dos personas que me quieren por mí misma, no por quien soy, no por el dinero que gano, no por lo que yo puedo hacer en el futuro. Esas personas son el doctor Martínez y tú".

—¿Me quieres decir que Selena no mencionó a su propia madre, a la que tanto quería? —le cuestioné.

Inesperadamente, Yolanda me pidió permiso para mandarle un mensaje a través de nuestras cámaras a la madre de Selena. Acto seguido, se volteó un poco para estar directamente frente al lente, y con un calculado dominio escénico hizo una breve pausa, mientras mantenía la mirada fija. Parecía presentir el escalofriante efecto que tendrían sus palabras:

—Señora Quintanilla, dentro de mi corazón le pido perdón por lo que he hecho, pero yo quise contarle lo que estaba tramitando Selena. Cuando estaba a punto de decirle todo, Selena nos interrumpió. Yo le pedí que me llamara, pero usted nunca lo hizo. Luego su hija me pidió que no le contara nada ni a usted ni a su esposo de lo que le estaba sucediendo a ella. Sólo me pidió que la apoyara. Yo estaba dispuesta a perder la amistad con Selena por revelarle todo a usted, pero usted no quiso escucharme. No la estoy culpando, pero yo intenté hablar con usted. Perdóneme.

Sus palabras crearon una atmósfera especial. Una vez ella introdujo el tema de la familia Quintanilla, la seguí por ese camino.

—Abraham Quintanilla, ¿qué te dice ese nombre? —le pregunté. Respondió inmediatamente, como si hubiese pensado mucho su respuesta en la soledad de su celda.

—Es un ser humano como tú y yo, que comete errores... que los acepte es otra cosa.

Quise que abundara sobre el tema:

—¿Qué errores ha cometido él en tu opinión?

Ella me dijo lo siguiente:

—No los puedo revelar, pero déjame decirte, ahora ya sé por qué las sobrinas de él me decían a mí que ese hombre es un salvaje. —El adjetivo que escogió me chocó.

—¿Salvaje? —le pregunté pensando que tal vez no escuché bien.

—Así lo llamaba su familia, pero yo no comprendía por qué —me aseguró.

Le recordé que en las grabaciones cuando estuvo parapetada a ella se le escucha acusar a Quintanilla de haberla violado, algo que él negó rotundamente en corte, bajo juramento.

—El sí me violó —dijo ella armada de una firmeza especial. No quiso revelar cómo ni cuándo supuestamente sucedió tal cosa. Le expliqué que sin pruebas, ni denuncia ante la policía, su acusación carecía de fundamento. Pero ella insistió en que así fue y en que Selena quería que ella denunciara a su propio padre:

—Ella quería que yo revelara toda la verdad.

Le señalé que era muy difícil convencer a la gente de que una hija hubiese querido hacerle daño a su progenitor.

—La gente va a creer lo que quiera, pero ésa es la verdad —concluyó.

Le mencioné que yo había descubierto la nota que se pasaron los agentes que negociaron su entrega, donde estaba escrita la palabra "aborto", algo que indudablemente ella había mencionado durante las cuatro horas de su parapetamiento que no fueron grabadas. No quiso hablar del tema:

—No lo puedo revelar, María.

Busqué un tema más liviano para seguir hablando:

—¿Has vuelto a escuchar la música de Selena? —Me contestó que había escuchado la canción "I Could Fall in Love", por casualidad, en una radio de la cárcel. Dijo que había sentido alegría al escucharla y que la letra de la canción hablaba un poco del secreto.

Toda esta situación era por demás confusa y Yolanda lo sabía. Agregar nuevas interrogantes a las ya existentes y no aclarar ninguna con la excusa del secreto era frustrante. Busqué, entonces, dirigir las preguntas hacia cuestiones más concretas:

—Dime Yolanda, ¿qué era exactamente lo que estaba pasando?

Ella me dio otra respuesta abstracta:

Yo miraba el peligro adelante, ella no... Selena era muy noble, muy ingenua... —Le recordé que para el jurado ella, la responsable por la muerte de la cantante, representaba el verdadero peligro que Selena no vio. Ante mi comentario, Yolanda aclaró:

—No me refiero a ese tipo de peligro... sino a algo que iba a revolver las cosas y que le iba a causar sufrimiento a ella. —En todo momento, quiso dar la impresión de que su rol era el de proteger a la cantante.

Yolanda había traído consigo un poema que ella misma le escribió a su amiga, tres días después de haberle disparado mortalmente. Cuando me lo enseño, me llamó la atención que el poema estaba escrito en el mismo papel amarillo donde estaba redactada la carta de la psíquica con el mensaje de Selena. No le dije nada. Ella comenzó a leer con lágrimas en los ojos:

El día 31 de marzo,
tú, mi adorada amiga me confesaste
que el día que tú faltes yo confesaría tu vida triste.
Pero te diré, alma mía,
el dolor más grande es tu gran secreto,
que yo reconozco está lejos de mi alcance.
Selena,

no tengo valor de decir a nadie,
por más que quiera, no tengo valor,
estoy muerta en vida.

—Llevo este poema dentro de mi alma. Es la única cosa que me da alivio, que me da fuerza para seguir adelante. Me da esperanzas de que yo un día voy a ver a mi hija en el cielo —continuó sollozando. Luego, recordó con cierto resentimiento y dolor los ataques que recibió del público.— Selena nunca se gozaría de una condena a una persona. Selena nunca gozaría de que a una persona la llamaran monstruo.

La entrevista estaba llegando a su fin. Hablamos de su familia.

—Yo sufro mucho por ellos —dijo visiblemente emocionada—, porque no merecen estar sufriendo así, nadie merece sufrir así. Yo tengo la conciencia limpia; mi familia y mis amigos lo saben.

Le pregunté cómo se sintió cuando el público se lanzó a la calle a celebrar su culpablilidad y su condena. Su respuesta fue muy controversial:

—Yo siento que lo que me ha pasado a mí le pasó a Jesuscristo, que antes de que hablara ya lo tenían condenado.

Se mostró satisfecha con la forma en que Douglas Tinker encaró su defensa. Sin embargo, ¿por qué los defensores no dieron a conocer el secreto?

—Porque yo se los prohibí —me aseguró. No se sentía arrepentida de haberse jugado el todo por el todo, apostando su vida a que la encontraran culpable o inocente de asesinato en primer grado. Así mismo, siempre supo que le iban a dar la pena máxima— porque la gente está adolorida y no los culpo. La gente está ciega y envenenada por las cosas que le han puesto en la mente...

Irónicamente, los responsables por la muerte de Selena se lavaron las manos, están libres y la gente los apoya. —Hasta el último momento, Yolanda se negó a sí misma su participación en la muerte de la cantante.

Me daba la sensación de que ella creía que la opinión del público sobre ella cambiaría una vez se revelara el secreto, pero ella lo desmintió:

—Yo no estoy aquí para cambiar el pensamiento de nadie. El día que yo esté lista para revelar toda la verdad, lo voy a hacer con hechos, con papeles, con pruebas en la mano, para enseñarle al público qué fue lo que pasó, qué estaba tramitando Selena. Yo sé que mi Dios, Selena, mi familia y mis verdaderos amigos saben que no soy un monstruo, que soy un ser humano.

No me gustó que dijera que Selena estaba *tramitando algo*; se prestaba a malentendidos. Para cerrar, le pedí que fuera más específica, pero no lo fue.

—Selena era humana y por eso le pido al público que cuando se revele la verdad, que no la juzguen, porque ella era humana como todos nosotros —concluyó.

Después de tres horas, la entrevista había terminado. Nosotros la editaríamos para reducirla a una hora. Todos estábamos emocionalmente agotados. Mientras nos quitábamos los micrófonos, Yolanda me susurró al oído:

—¿Recuerdas lo que te dije sobre el suicidio? —Yo asentí con la cabeza y prosiguió a decirme—, ... pues, no sólo lo he vuelto a considerar, sino que pienso en matarme todos los días. —Me quedé fría.

En ese momento los guardas nos interrumpieron para llevar a Yolanda a su celda. Les pedí que me dejaran hablar con ella unos minutos más, en privado. Cuando nos dejaron a solas, le dije que si le volvía a pasar por la mente la idea de quitarse la vida, pensara en el gran daño que eso le ocasionaría a sus padres. Yolanda cambió el tema abruptamente y me preguntó si la entrevista que me había otorgado ayudaría a que mi programa tuviese una gran audiencia. Le respondí que *Primer Impacto* siempre tenía un alto puntaje en los "ratings", pero que sin duda, la entrevista sería uno de los puntos culminantes en audiencia. Con una sonrisa, me respondió:

—Ah, es que yo quería que te ayudara.

Me llamó la atención el comentario. La miré a los ojos y pareció sincera. Me extrañó que esta mujer con tantos problemas se preocupara por mí. Sinceramente, también sentí lástima por ella. Yo salía triunfante con mis cintas de video en la mano, y ella se marchaba a hacerle frente a una celda por el resto de sus días. Nos despedimos muy a lo latino, con un beso en la mejilla.

Me senté a meditar sobre la entrevista en lo que mis compañeros terminaban de empacar el equipo. Luego, posamos con los guardas de seguridad, que nos habían pedido una foto de recuerdo porque eran fanáticos de *Primer Impacto*.

Al rato, vi pasar a un oficial con la chaqueta roja de Yolanda en la mano, perfectamente doblada. Supe de inmediato lo que había pasado: se había acabado el tiempo y la convicta ya no volvería a usar ropa civil.

9

Listos para lanzar la exclusiva

Algo curioso sucede cuando dos o más personas de la industria de la televisión están en una misma mesa: no se habla de otra cosa. Y esa noche, horas después de la entrevista con Yolanda, en Corpus, teníamos noticia como para no probar bocado.

Por suerte, mi productora y yo cenamos con Jorge Rangel, nuestro analista legal, y su encantadora esposa, Lupe. Él estaba hambriento de saber qué nos había dicho Yolanda, porque como nosotros, en esos días también se había vuelto adicto al caso. Le dimos un adelanto exclusivo entre plato y plato y disfrutábamos cada una de sus reacciones. Ante cada revelación abría los ojos mientras decía "¡No! ¿Les dijo eso?".

Lupe fue maravillosa, porque nos aguantó la obsesión, además de aportar sus habituales comentarios inteligentes, que por venir de una persona ajena al tema y totalmente objetiva, tenían mucha validez.

Por cierto, durante toda la noche tuvimos con nosotros las cintas con la entrevista. No queríamos perderlas ni dar la oportunidad de que las robaran. Les confieso que María López y yo hasta fuimos al baño con ellas. Manías del oficio.

Al día siguiente regresamos temprano a Miami. Desde el mismo instante en que entramos a la redacción de Univision, comenzamos a promover la entrevista dentro de unos días. Los ejecutivos de Univision comenzaron con esa paranoia habitual que se produce cuando tienes atrapado un pez gordo. "¿Tú estás segura de que Yolanda no va a hablar con más nadie?". Temían lanzar la promoción como "la exclusiva del año" y que otro medio se nos adelantara en lo que la editábamos. Yo les di todas las garantías de que eso no iba a pasar, pero cruzé mis dedos, por si acaso. Luego, otras cadenas comenzaron a llamarnos de todas partes —¡hasta la televisión alemana!— pidiéndonos algún pedazo del reportaje "para promover en nuestro programa esa exclusiva que han conseguido"... un viejo truco.

Los teléfonos de mi escritorio no paraban de sonar. Una de las primeras llamadas fue de Yolanda. No negaré que la atendí sorprendida. Muy angustiada, me pidió que eliminara la parte donde le pregunté si Abraham Quintanilla la había violado. Sus abogados estaban furiosos, pues de salir al aire, su respuesta pondría en peligro su apelación. Así lo hice considerando que nunca puso reglas ni exigió nada a cambio de la entrevista. Además, no dijo nada diferente a lo que ya había dicho en las grabaciones durante su parapetamiento. Acordamos hablar de nuevo pronto.

Los periódicos y las revistas de todo el país me entrevistaron; querían saber qué había revelado Yolanda. Yo les decía sólo un poquito, suficiente como para que les picara la curiosidad, pero con algo de humor, les recomendaba ver *Primer Impacto* en un par de días. En la calle, la gente que había visto las promociones me paraba para preguntarme lo mismo. Imagínense, que hasta un guarda de seguridad me dijo que iba a llevar su televisor portátil para ver la entrevista durante horas de trabajo. Sin duda, un buen síntoma. Supe luego de varias personas que cancelaron cenas y citas por quedarse en casa, frente al televisor.

Y llegó la noche del martes. En casa abrí la botella de champagne que me había regalado Jorge Rangel para celebrar ese día y brindé con un grupo selecto de amigos. Uso el término "selecto" porque fueron elegidos entre los absolutamente sinceros, de esos que te dicen la verdad a la cara, a pesar de todo. Por suerte, les encantó la entrevista. Descubrí que, además de buenos amigos, eran una excelente representación de la audiencia en general, pues tuvieron la misma reacción que los millones de hogares que sintonizaron a *Primer Impacto* esa noche. Aproximadamente, fue visto por cuatro millones y medio de personas, o sea, 29 puntos en el "rating" a nivel nacional, convirtiéndose en uno de los cinco programas más vistos en la historia del sistema de medición hispano Nielsen. Estas cifras no incluyen los millones de telespectadores que lo vieron en los países de Latinoamérica ni los millones que lo vieron otra vez, cuando fue retrasmitido a las dos semanas.

Los comentarios de aprobación de mis amigos fueron confirmados por el teléfono. Durante los comerciales no paró de sonar. Uno de los primeros fue Jorge Ramos, el presentador del noticiero Univision, colega y amigo y, sobre todo, un veterano de entrevistas importantes. Entre sus elogios —que vuelvo a agradecer— me dijo que le había gustado lo balanceado que había sido el reportaje. Al final confesó: "Me tienes pegado al televisor y no me puedo despegar". Su llamada fue un tranquilizante, pues los profesionales como él son los más difíciles de impresionar.

Alina Falcón, la vicepresidenta de noticias de la cadena, también me llamó y estaba más que satisfecha con el trabajo. Ella me había apoyado desde el primer día y la había hecho quedar bien. Saqué un segundo para enviarle unas flores a mi productora, María López. Las tenía bien merecidas. Desde que tuvimos la exclusiva no paró de trabajar un momento.

El reportaje fue visto por varios miembros del jurado, reunidos especialmente por nosotros para la ocasión. Tras ver la entrevista, nos aseguraron que nada de lo que Yolanda dijo cambió sus puntos de vista sobre ella.

Pero la mejor medición fue a la mañana siguiente. Todo el país se preguntaba cuál era el famoso secreto. Fue impresionante salir a la calle, pues en todos lados —desde la panadería a la peluquería, pasando por mis amigos, mis vecinos y mis compañeros de trabajo— la gente me preguntaba si había llegado a una conclusión sobre lo que era el secreto. Nadie sospechaba que Yolanda me lo había revelado. En fin, las conjeturas más increíbles se regaron por doquier. La gente analizaba las palabras de Yolanda al derecho y al revés. La noticia de la entrevista fue primera plana en muchos diarios importantes del país. Sin quererlo, ni esperarlo, había generado un increíble fenómeno cultural, donde por encima de cualquier diferencia, todas las personas no hacían otra cosa que hablar del *secreto*. Las preguntas y los debates inundaron las ciudades de costa a costa por varios días. Las emisoras de radio abrieron sus espacios a la opinión de la gente que, por miles, ofrecían sus opiniones. Habíamos provocado una inesperada ola de debates, preguntas y réplicas.

En medio de todo esto, me llamó Ray Rodríguez, el presidente de Univision. Su palabras fueron muy lindas para mí, pero, a renglón seguido, no pudo con la curiosidad.

—¿Cuál es el secreto? —me preguntó.

Me sonreí pensando lo increíble que era tener a un ejecutivo tan importante intrigado sobre la cuestión. Después me felicitó, porque "cada vez que Yolanda decía algo y a mí se me ocurría una pregunta, tú la hacías un segundo después, como si me leyeras el pensamiento". ¡Qué no daría yo por poder leerle la mente al jefe máximo de la cadena hispana más poderosa del mundo! A lo mejor podía mandarle un mensaje telepático para que me diera un aumento...

Por la noche me llamó María Elida con Yolanda en la línea. Yolanda se mostró un poco molesta. Los guardas en la prisión le habían comentado que en la entrevista fue evasiva y que yo había sido demasiado agresiva. Cuando iba a responderle, su tiempo disponible para hablar por teléfono desde la prisión, terminó.

Seguí concediendo entrevistas por varios días para medios en los Estados Unidos, México y todo Centroamérica. Citaré sólo una, porque la acompaña una anécdota graciosa. En *Sábado Gigante* Don Francisco me preguntó para atrás y para adelante sobre el famoso *secreto*. Fue pura casualidad, pero ese segmento del programa estuvo auspiciado por el desodorante Secret... ironías del destino.

Lo verdaderamente bueno fue el sentimiento de haber cumplido con todos, especialmente con el público. Habíamos ganado varias batallas en poco tiempo, muchas de ellas con el agua al cuello. Sin duda nos merecíamos un buen descanso. Me fui a pasar el Día de Acción de Gracias a Nueva York con mi mamá y parte de la familia. Fue una vacación deliciosa y, sin duda, tenía muchas razones "para dar gracias".

Pero nunca me imaginé la sorpresa que me esperaba de regreso en Miami.

10

Abraham Quintanilla responde

DICIEMBRE 1995

Cuando regresé de mis vacaciones, encontré sobre mi escritorio un mensaje totalmente inesperado. Abraham Quintanilla me había llamado personalmente y le urgía hablar conmigo. De inmediato lo llamé. Sinceramente, esperaba un ladrido, que me reclamara algo sobre la entrevista que le hice a Yolanda. Pero fue al revés. Me saludó de lo más amablemente y se escuchaba tranquilo, pausado. Lo primero que me dijo fue:

—Al principio, estaba opuesto a que se le diera un foro a esa mujer para que hablara por televisión, pero luego de ver el programa, cambié de opinión. —Aunque no me lo dijo directamente, deduje que eso significaba que lo había considerado objetivo y balanceado.

Después de las formalidades fue directo al grano, en voz baja y con un tono de resignación me cuestionó:

—¿Por qué ustedes se siguen empeñando en escarbar cosas que no existen? —Esa pregunta no podía ser más desagradable e injusta, pero su tono al hacerla fue cuidadoso, por lo que no me sentí insultada. Le respondí con la misma calma:

—Señor Quintanilla, sinceramente, no sé a qué se refiere.

—Lo que me explicó luego me pareció, en ese momento, muy extraño e inverosímil. Supuestamente, un hombre de Monterrey lo estaba extorsionando. El individuo le exigía una suma de dinero a cambio de su silencio o de lo contrario revelaría a *Primer Impacto* todo lo que sabía sobre el supuesto "secreto" de Selena. En su amenaza, el sujeto le garantizaba a Quintanilla que ya estaba en conversaciones con mi programa para hacer una entrevista.

Lo interrumpí. De manera cordial, pero firme, le garanticé que en ese momento no estábamos investigando ningún reportaje sobre el tema en Monterrey.

—Está bien, creo en su palabra —respondió. No pudo dejar de llamarme la atención lo fácil qué fue convencerlo. Me pareció que Abraham estaba viendo a ver qué averiguaba, y que él mejor que nadie sabía que nosotros no habíamos hablado con nadie en Monterrey. Lo curioso es que dentro de poco saldría a la luz pública el sujeto que alegadamente lo estaba chantajeando, y que por esas cosas de la vida yo hablaría con él, aunque no en cámara, sino por teléfono.

Pero la llamada de Quintanilla también tenía otro motivo. Estaba indignado, pues lo que dijo Yolanda en torno a la existencia de un secreto se prestaba a malinterpretaciones. Opinaba que ella lo había hecho con toda la mala intención y explicó que ahora él estaba sufriendo sus consecuencias. Ese fin de semana, un desconocido se le había acercado en un restaurante para preguntarle si él había tenido una relación incestuosa con su hija Selena. Abraham casi sufrió un síncope cardíaco. La "responsable" de esa "calumnia" era Yolanda.

—Esa mujer es una manipuladora, no hay ningún secreto... usted es una mujer inteligente, usted sabe que ella está mintiendo —me dijo en busca de apoyo.

Le expliqué que no era yo, sino el público quien debía juzgar si Yolanda mentía. Pero le aseguré que los televidentes no son tontos y se dan cuenta cuando una persona se inventa algo o, por lo menos, no es consistente en sus versiones.

Como lo noté tan atormentado, intenté confortarlo.

—Señor Quintanilla, no entiendo por qué se mortifica de esa manera si ya logró lo que quería. Yolanda está tras las rejas...

—Yo voy a olvidar todo este asunto, pero antes voy a hablar por última vez. Estoy dispuesto a hablar con usted y mostrarle pruebas de todo lo que ella estaba haciendo, de cómo estaba robando. Le voy a enseñar copias de los cheques y de todo lo demás, documentos nunca antes vistos —me dijo.

—¿Cuándo? —le pregunté.

—En una semana —me aseguró.

———

Abraham estaba en todo su derecho de refutar lo dicho por Yolanda, pero después de todos los ataques que le había hecho a mi programa en el pasado, no me imaginé que él iba a querer que yo lo entrevistara... Tenía razón mi abuela cuando me decía "cosas verás que no creerás". Me sentí halagada. Le había convencido de que queríamos proveer un reportaje objetivo y completo.

Otro viaje más a Texas, otro traslado de todo el equipo y más corre y corre. De nuevo parecía que todo se iba a ir al diablo, pues a última hora a Quintanilla se le presentó un compromiso de emergencia en otra ciudad. Por eso, la entrevista no se realizó en Corpus como originalmente habíamos planeado, sino en San Antonio, en un hotel que da al río.

Quintanilla fue especialmente amable y abierto. Me recibió

con un abrazo de oso, muy efusivo. Es más, cuando vio que el camarógrafo que me acompañaba era el mismo que él había echado de la conferencia de prensa en Houston, se acercó a pedirle disculpas y luego hasta se fotografió con él. Era otro.

Mientras se ajustaban las luces y nos preparábamos para empezar, hablamos de varios temas triviales que lo ayudaron a sentirse cómodo. Le pregunté si le molestaba la fama de ogro que se había ganado con sus famosos arranques de furia y me confesó con una sonrisa:

—Yo a veces parezco agresivo porque estoy en un negocio en el que hay que serlo. El mundo de la música está lleno de tiburones.

También le cuestioné por qué siempre usaba lentes oscuros, que ponían una pared entre él y el resto del mundo.

—La gente dice que es para que no sepan qué miro —me dijo divertido—, pero en realidad me los recetó el médico, porque la luz me hace daño.

Quintanilla me pidió que no habláramos en cámara sobre lo que dijo Yolanda de que él supuestamente la había violado. No estaba en mis planes hacerlo. Estaba de acuerdo en que no había por qué traer el tema a colación. Él ya había negado la acusación en corte y no existían pruebas en su contra, ni una acusación formal.

—¡Voy a violarla a ella, con lo hermosa que es mi mujer! —me dijo entre el enojo y risa para cerrar el asunto.

Tras recordar a su esposa, hizo una pausa y su voz cambió. Abraham me contó que Marcella estaba emocionalmente muy frágil. Casi no salía de su cama. Vivía en permanente depresión, y cuando lograban hacer que se levantara, cualquier recuerdo de Selena la volvía a tumbar. De allá para acá había vuelto a tener una vida más normal, pero siempre la acompañaba el dolor de su irreparable pérdida.

Cuando las cámaras comenzaron a rodar, lo primero que hizo Quintanilla fue explicar el porqué de la entrevista:

—Yo siento que tengo que defender la imagen de mi hija, pues ella no está aquí para defenderse, y a mi familia le molesta mucho que esta mujer, Yolanda, aparezca en la televisión mundialmente, diciendo mentiras.

Le pedí que me contara qué fue lo que más le molestó de las declaraciones de Yolanda.

—Todas las cosas que dijo son tan absurdas. Por ejemplo, insinuando lo de esa carta anónima que venía de una mujer que había tenido un contacto psíquico con Selena, que Selena le habla en sueños, llamar a Selena su "hija" y decir que Selena le decía madre...

Cuando le pregunté cómo reaccionó su esposa me dijo:

—Cualquier persona con sus cinco sentidos puede ver que a esta mujer [a Yolanda] le faltan tuercas.

Sobre el supuesto secreto, me dijo:

—Eso es pura basura, es pura fabricación de la mente de esa mujer. Ella mató a mi hija y no quiere parar allí. Quiere herir a mi esposa, quiere herir al esposo de Selena. No sé cuál será el problema de esa mujer, yo no puedo entender su mente.

Abraham había pasado meses investigando personalmente los supuestos desfalcos de Yolanda al fan club. Ahora, por fin, iba a enseñarme "la evidencia".

—Si ves aquí —me dijo mostrándome varios documentos— en el fan club existía un secretario, un tesorero, en fin, una directiva completa. Sin embargo, Yolanda abrió la cuenta bancaria del club a nombre de su hermana, cuando María Elida ni siquiera era miembro del club. Nosotros le preguntamos por qué hizo eso.

—¿Y cuál fue su respuesta? —le pregunté.

—Su respuesta fue que el banco no le había permitido abrir una cuenta a su nombre.

—¿Por qué no?

—Pues no sé —respondió Quintanilla en tono de burla. Luego continuó—: Eso no tiene lógica. Cualquier persona va a un banco con cien dólares y puede abrir una cuenta de cheques. Ahora bien ¿por qué Yolanda hacía esto? Si ves aquí... —me dijo mostrándome unos cheques—, supuestamente era María Elida Saldívar quien hacía los cheques, pero no detallaban cuál era el destino del cheque.

—Que es lo correcto cuando se quiere llevar las cuentas claras —aseveré.

—¡Sí! —respondió, entusiasmado de ver que yo entendía por dónde iba—, si vemos aquí la firma de Yolanda y la comparas con la de María Elida Saldívar...

—Son muy parecidas, si no idénticas... —le dije sin dejarlo terminar.

—Es la *misma* firma —aseveró Quintanilla, con un tono de voz que no daba lugar a dudas.

Su conclusión fue que Yolanda era quien firmaba los cheques usando el nombre de su hermana, luego los cambiaba y se quedaba con el dinero. Según él, había más:

—Ella desapareció todos los archivos del fan club. Cuando fuimos a buscarlos no había ninguno. Ella misma dijo una vez por televisión que supuestamente el club tenía 8.000 socios, a veintidós dólares cada uno... ¿Dónde está ese dinero? ¿Dónde están los archivos?

Quintanilla continuó presentando sus pruebas. Mostró una carta escrita en lo que parecía ser la letra de Yolanda, firmada con el nombre de María Elida. En esa carta "María Elida" le informaba al banco que se veía forzada a cerrar la cuenta del fan club a raíz de un grave problema: una socia del club, "Ivonne Perales", había sido enviada a depositar 3.000 dólares al banco, pero nunca los depositó y ella no aparecía. Supuestamente, "María Elida" había descubierto la ausencia de Perales y de los dólares demasiado tarde y pensando que el dinero sí estaba en la cuenta, había escrito cheques contra la cuenta a nombre de "su hermana" Yolanda. Los cheques habían sido cambiados aún cuando la cuenta no tenía fondos. Por lo tanto, la misiva también le informaba a la institución financiera que, desafortunadamente, tendría que cargar con la pérdida.

—Cuando Selena, Suzette y yo la confrontamos en marzo y le preguntamos quién era Ivonne Perales, ¿sabes cúal fue su respuesta? "No sé, señor Quintanilla" —dijo imitando la voz de Yolanda con sorna—: ¿Pero cómo no iba a saber? ¿No confió en que el tesorero del club se encargara del dinero, pero confió en que una persona completamente extraña depositara 3.000 dólares? Yo le dije, ¡esa mentira échasela a otra persona!

Agitada, concluyó que Ivonne Perales no existía, porque en el club ninguna otra persona la había conocido. Fue así cómo Yolanda, según él, se robó 6.000 dólares; 3.000 que le pertenecían al fan club y que nunca fueron depositados y 3.000 en cheques que fueron honrados por el banco a pesar de que la cuenta estaba sobregirada.

Quintanilla está convencido de que Yolanda comenzó a planear su crimen después de esa reunión del 9 de marzo de 1995, durante la cual él amenazó con denunciarla a la policía. Ahora bien, ¿por qué él no lo hizo?

—Porque yo no lo iba a hacer —respondió—, le estaba dando la opción de que se fuera por sí sola y buscara trabajo en otro lugar. Pero ella quiso vengarse.

Aunque todo el razonamiento anterior parecía coherente y serio, había una duda inmensa sin aclarar: ¿por qué no presentaron estas pruebas durante el juicio? Según Quintanilla, fue una decisión del fiscal Valdez, para que el caso no perdiera fuerza al mezclar dos acusaciones.

Quintanilla también me entregó una copia de una carta que, años atrás, le envió la oficina del fiscal de San Antonio a Yolanda, informándole que había una querella formal en su contra por cometer fraude con cheques. El padre de Selena descubrió esa correspondencia cuando registraba los archivos personales que Yolanda tenía en la oficina de Selena Etc., en busca de evidencia que incriminara a la asesina de su hija. Aunque este caso nada tenía que ver con el supuesto robo de dinero del fan club, según Abraham era prueba irrefutable de la deshonestidad de Yolanda. (Luego me comuniqué con la oficina del fiscal en San Antonio y me explicaron que el caso se había cerrado hacía mucho tiempo porque la acusada, Yolanda, había accedido a restituir el dinero en cuestión. No me quisieron revelar la cantidad exacta que pagó Saldívar porque esa información es confidencial, pero me dijeron que era en exceso de 750 dólares.)

Esa tarde, Quintanilla estaba confiado en que pronto Saldívar sería formalmente acusada de haberle robado al fan club. Pero para su frustración, eso nunca ocurriría. Meses después de nuestra entrevista en San Antonio, el fiscal Valdez anunció que Yolanda no sería acusada de fraude, por falta de pruebas. Para Quintanilla ese fue un duro golpe, porque él siempre dijo que ése fue el motivo por el cual Yolanda mató a Selena y ahora quedaba la duda.

Tal vez, lo más impactante de mi conversación con Abraham fue el momento en que él reveló su teoría de que Yolanda trató de matar a Selena *varias veces* antes de lograrlo. Su versión fue muy detallada y de una precisión detectivesca.

—Hubo cuatro intentos de asesinato y la mató en el quinto. La noche en que la confrontamos en la junta, Selena habló con ella y la despidió. Al otro día, el 10 de marzo, Selena y Chris fueron al banco a retirar la firma de Yolanda de las cuentas de la boutique. Fíjate que el 11 de marzo Yolanda aplica por la pistola por primera vez, al ver que realmente iba a ser despedida. El 13 de marzo, cuando le entregaron el arma fue a su abogado para redactar la carta de renuncia. En realidad, con su renuncia estaba preparando una coartada... Después, fue inmediatamente a Corpus y se metió en el Sand and Sea Motel para matar a Selena.

—¿Y qué pasó, por qué no lo hizo? —le pregunté.

—Sucedió que Selena no estaba en Corpus, sino en Miami. Yolanda regresó a Corpus.

—Cuando mi hija llegó al día siguiente —prosiguió Quintanilla—, Yolanda la llamó para citarse con ella. Con la excusa de que el tráfico estaba muy pesado para llegar hasta Corpus, Yolanda le pidió a Selena que fuera hasta un estacionamiento, al K Bob's parking lot, ¡a veinticinco millas de la ciudad! Ahí pensaba matarla. No lo hizo porque al llegar allí, Selena le dijo a Yolanda que podía quedarse a cargo de los negocios en México.

Según Quintanilla, todo era un plan de Selena. Ella necesitaba a Yolanda para seguir con sus planes en Monterrey, en lo que conseguía a alguien para sustituirla. En ese momento, Selena le prometió a Saldívar que ya no tendría que lidiar con su padre, para evitar problemas. Abraham asegura que esa promesa calmó a la mujer pues "sintió que todavía tenía los pies dentro de nuestra organización". Fue ahí cuando Yolanda regresó a San Antonio y devolvió la pistola.

En ese momento, Yolanda viaja a Monterrey y Selena hacia Tennessee a grabar su disco en inglés. En Tennessee, Selena se percata de que faltan varios papeles de las cuentas bancarias.

—Cuando Selena se dio cuenta de esto —continuó Quintanilla— la llamó por teléfono y a Yolanda le dio pánico. Fue por eso que el 26 de marzo regresó a buscar su pistola otra vez.

Nuevamente marchó a un motel [en Corpus], y llamó a mi hija para llevar a cabo su segundo intento de asesinato.

Según él, lo que salvó a Selena en esa ocasión, fue su fama. Al llegar de Tennessee, fue al hospedaje y no pasó desapercibida. El rumor de su visita corrió rápido entre los empleados, que salieron a perdirle autógrafos.

—Había muchos testigos y no pudo matarla allí. Fíjate que Yolanda usó el mismo patrón que en el primer intento, cuando compró la pistola y fue a un motel —concluyó Quintanilla.

La razón por la cual Yolanda y Selena se reunían en moteles es porque Yolanda se había mudado a vivir con sus padres en San Antonio y sólo viajaba a Corpus, a unas dos horas de distancia en auto, para lidiar con los negocios de la cantante. Pero tras haber sido confrontada por Abraham, Saldívar no era bienvenida en ninguna de las propiedades de los Quintanilla. Ella y Selena no tenían más remedio que verse a escondidas.

De acuerdo a la teoría de Abraham, Yolanda comenzó a elaborar su plan para el tercer intento de asesinato, durante su viaje a Monterrey la última semana de marzo.

—Ricardo Martínez, "un amigo mío", recibió varias llamadas de Yolanda, quien, gritando desesperada, le decía que la habían violado. Al otro día, Yolanda volvió a repetir los desesperados mensajes, que siempre se cortaban abruptamente, como si hubiera alguien que le quitaba el teléfono y colgaba. Martínez envió un empleado al hotel donde se hospedaba Yolanda y supo que ella hacía pocos minutos que había salido de allí. Entonces todas esas llamadas eran desde el hotel, por su teléfono celular. El 30 de marzo ella regresó [a Corpus] y llamó a Selena con la misma historia de la violación... —aseguró Quintanilla.

Cuando Yolanda llegó a Corpus, el 30 de marzo, se hospedó en el Days Inn y esa misma noche puso su plan en acción. Llamó a Selena y supuestamente le pidió que fuera a verla sola al motel. Pero la cantante se salvó por tercera vez porque fue acompañada de su esposo, Chris, quien se quedó esperándola afuera en lo que ella hablaba con Yolanda y recogía unos documentos financieros.

Esa misma noche, después de que Selena se fue, Yolanda la llamó varias veces al "beeper". Al rato, la cantante la llamó desde su casa. Saldívar quería que la llevara al hospital, porque supuestamente estaba sangrando mucho a raíz de la violación.

—Lo que estaba tratando era hacerla volver al motel para matarla —aseguró Quintanilla—, ése fue el intento número cuatro. —Pero Yolanda no logró su cometido porque Chris no quiso que su esposa volviese a salir tan tarde. Selena le dijo a Yolanda que la llevaría al hospital a la mañana siguiente.

A primera hora, el 31 de marzo, la cantante cumplió su promesa.

—El resto lo sabemos —dijo Quintanilla bajando la mirada—, Selena la llevó de nuevo al hotel y ahí fue donde la mató.

Habíamos llegado al momento del crimen. Según su teoría, era él quien había desenmascarado a Yolanda, él que había descubierto que era una ladrona y la había puesto entre la espada y la pared. La siguiente pregunta me pareció lógica:

—Entonces, ¿por qué no lo mató a *usted* en lugar de a su hija?

—Ella me tenía un gran coraje. ¿Cómo podía dañarme más a mí y a mi familia? Pues, matando a Selena. Pero, si ese policía no la hubiese detenido en el parking del motel, ella hubiese ido a nuestras oficinas a balearnos.

—¿Usted hubiese preferido que lo matara en lugar de su hija? —le pregunté sabiendo que tocaría su fibra más íntima.

—Sí, hubiera preferido ser yo... ella era tan joven, apenas estaba empezando su vida... No pudo continuar. A través de sus lentes oscuros, observé cómo las lágrimas le bajaban por las mejillas. La cámara no lo captó, pero yo sí lo vi llorar.

Selena aparecía siempre, de manera inevitable y dolorosa. ¿Cómo habían sido sus últimos tiempos? ¿Había algo que él hubiera deseado hacer por su hija?

—Señor Quintanilla, hace un rato trajo a colación al doctor Ricardo Martínez. Cuando nosotros lo entrevistamos, él se describió a sí mismo como una persona muy cercana a Selena en los últimos días de su vida, era su confidente, médico, asesor financiero, etc. Ahora usted dice que es amigo suyo. Él nos dijo que Selena estaba muy triste y muy sola en los últimos días de su vida.

—El mal que hicimos nosotros fue no apoyar más a Selena en su negocio —respondió.

—¿Usted se arrepiente? —le pregunté.

—Si yo hubiera apoyado más a Selena en su negocio... si le hubiera puesto más atención, posiblemente esto nunca hubiera sucedido... yo estaba tan ocupado en la música... al no darle apoyo, entró la zorra en el gallinero, le abrimos la puerta a esta mujer ¡y mire lo que vino a hacer!

Por primera vez, Abraham Quintanilla admitía públicamente haber cometido un error. El hombre recio que todos vimos durante meses, mostraba su lado humano. Ni él ni los suyos eran perfectos.

—¿O sea que ésto que dijo el doctor Ricardo Martínez de que ella estaba sola, en parte es por eso? —le pregunté.

—Sí. No le dimos apoyo en realizar su sueño.

Su sueño de lanzar en grande una línea de ropa con su nombre... ¿Sería tan fuerte el sueño de Selena, como para hacerle abandonar la música?

—Decir que mi hija estaba descontenta con la música, es una bola de basura —respondió. Usó casi los mismos calificativos para responder a los rumores sobre la relación entre Selena y Chris. —Un día antes de que muriera, ella, mi esposa y mi hija Suzette fueron a comer a un restaurante y Selena les dijo que quería tener un hijo. ¿Tú crees que eso muestra que estaba descontenta con su esposo?

Se terminó la cinta donde estábamos grabando y tomamos un breve receso, en lo que nuestros camarógrafos colocaban una nueva. Fuera de cámara, le pregunté a Abraham sobre algo que siempre me había intrigado: la maleta con ropa de Selena que fue encontrada en la habitación del Days Inn. Quintanilla sostuvo que su hija la llevó para que Yolanda se cambiara, pues Saldívar había dicho que su ropa estaba desgarrada a raíz de la supuesta violación. La respuesta inicialmente me pareció lógica y razonable, pero luego traté de visualizar a Yolanda tratando de ponerse la ropa de Selena, sobre todo en aquella época con cincuenta libras más de peso, y me pareció una misión imposible. No me pude imaginar a la ahora convicta usando la chaqueta favorita de Selena que estaba dentro de la valija. La chaqueta de cuero negro que usó para grabar su video con los Barrio Boyzz... Además, ¿qué tenía que ver en todo esto el permiso de Selena para trabajar en México que también llevó consigo la cantante? Eso era algo que Yolanda no podía usar, de ninguna manera. Justo cuando fui a mencionarle mis observaciones, ¡nos interrumpieron para continuar con la entrevista! Cuando más tarde traté de abordar nuevamente el tema de la maleta, Abraham me cambió el tema. Tal vez pensó que su explicación había sido suficiente, y cuando él da por terminado un asunto, nada lo hace cambiar de opinion.

Yo sabía que el público quería saber qué Quintanilla pensaba sobre el juicio y cómo pudo soportar los momentos más duros.

—¿Por qué cree usted que Yolanda no se declaró temporalmente loca para conseguir una condena menor? —le pregunté.

—Porque nunca se arrepintió de lo que hizo —respondió—. Ella nunca admitió culpa, ni remordimiento. Si hubiera sido un accidente, se mostraría arrepentida. Pero no es así.

—¿Cómo le ha afectado todo esto a usted en su vida diaria?

—Pues imagínate —respondió—, yo nunca había estado en una corte en mi vida. Es un impacto bastante fuerte estar sentado allí, que estén diciendo todas esas cosas sobre ti, como si yo fuera el culpable; que yo era un *padre capataz*, que dominaba a mis hijos, que había violado a esa mujer... ¡y no poder defenderte! La primera noche del juicio, cuando fuimos a un restaurante, yo sentía que todo el mundo me estaba mirando.

Al imaginármelo así de paranoico en esos días, no pude contener una sonrisa. Él también se sonrió. Aproveché el momento para concluir de la mejor forma posible.

—Bueno, usted con esta investigación que presentó se ha vuelto casi un detective.

—En *Columbo* —respondió entre carcajadas—, soy el detective Columbo.

Curiosamente, nunca antes lo había visto hacer un chiste.

CAPÍTULO

11

Atando cabos

VERANO 1996

Para bien o para mal, el juicio contra Yolanda Saldívar no resolvió el misterio detrás de la muerte de Selena. Y sin duda, la entrevista que le hice a Yolanda, solo sirvió para aumentar el enigma. Ahora, para colmo, había un "secreto". Por eso no me asombró que después salieran a relucir testimonios de personas allegadas a la cantante, que como lo hizo su padre en la entrevista conmigo, querían, por las razones que fuera, "aclarar" lo del "secreto". Lo que van a leer a continuación es importante porque arroja luz sobre lo compleja que era la vida de Selena antes de su muerte. Pero les sugiero que hagan como yo; tengan en mente que en toda historia hay siempre dos versiones. La verdad, por desgracia, casi nunca es una de ellas, sino una combinación de ambas.

El doctor Martínez dijo todo lo que iba a decir, unos meses

después del juicio. Habló abiertamente con una reportera de la revista estadounidense *US,* a principio de 1996. El artículo no me tomó por sorpresa porque antes de realizar la entrevista con él, representantes de esa publicación llamaron a *Primer Impacto* para pedirnos copias de la entrevista exclusiva con Yolanda Saldívar y de la que habíamos hecho con el propio Martínez. Esa información les sirvió de base para lograr las impactantes revelaciones que consiguieron del médico.

Me pareció curiosa la observación que hizo la periodista que lo fue a ver a México. Ella señaló que antes de empezar a hablar, el cirujano "prendió el televisor para que su esposa, que estaba en un cuarto contiguo, no escuchara nuestra conversación". ¿Acaso había algún secreto que no quería que su esposa conociera? ¿Por qué quería hablar a espaldas de su mujer?

A la reportera, al igual que a nosotros, Ricardo le negó que hubiera un romance entre él y Selena. Sobre su relación con la cantante, le confesó:

—Cuando uno conoce bien a una persona y existe una profunda comprensión... hay una gran intimidad, te sientes que le puedes decir todo a esa persona, pero para ello no tienes que ser su amante. —Admitió cosas que ya yo sabía: que le envió flores y arreglos frutales a Selena, que aún cuando no era fanático de la música Tex-Mex, acompañó a la cantante en viajes promocionales y hasta se sentó en la misma mesa con ella durante la entrega de los Tejano Music Awards. Sé por mi parte que también la sacó a cenar frecuentemente en Monterrey. Por eso me extrañó que cuando ella murió, él no asistió a su funeral.

Sobre los sentimientos de la reina del Tex-Mex hacia él, Ricardo dijo:

—Es posible que Selena me haya querido, que me admirara como hombre... y lo demostró, confiándome sus cosas más íntimas.

Según Martinez, Selena le habló varias veces sobre lo desilusionada que estaba de su marido:

—Ella no estaba feliz con Chris. Él se había empequeñecido ante sus ojos, porque no tomaba las decisiones que debía tomar como su protector, como su hombre.

En el artículo de la revista, el médico aseguró que Yolanda resentía esa influencia que él llegó a tener sobre Selena, y por ello trató de socavarla a toda costa. Tal vez estaba haciendo referencia a incidentes como cuando Selena encontró a su llegada a Monterrey el cuarto lleno de rosas que él le había enviado, y Yolanda le advirtió que el médico quería seducirla. ¿Estaba Yolanda metiéndole cosas en la cabeza a Selena porque se sentía desplazada por Martínez? ¿O acaso Yolanda, como me dijo durante mi entrevista con ella, estaba protegiendo a su amiga de una situación que la podía perjudicar, y ante la cual Selena parecía estar ciega? Recordé las palabras de Yolanda: "No me refiero a ese tipo de peligro... sino a algo que iba a revolver las cosas y que le iba a causar sufrimiento a ella".

Como recuerdan, durante la entrevista que le hice, Yolanda dijo que el papel que jugó Martínez en todo "es parte del secreto". También dijo sobre el doctor: "Él no quiso hablar con mis abogados. ¿Por qué? Porque le temía a algo. Cuando supo que esa cosa no se reveló en el juicio es cuando descansó y dijo lo que les dijo en televisión". Es cierto, Martínez no accedió a la entrevista con *Primer Impacto* sino hasta justo después de que se presentó toda la evidencia en corte y Yolanda fue encontrada culpable.

Yolanda me aseguró que tiene en su poder el diario de Selena. Un pequeño libro con candado donde la cantante desahogó sus penas y alegrías durante un período de dos años y en donde guardaba desde sus pensamientos más privados, hasta canciones y poemas de amor escritos por ella. Selena se lo entregó para que lo guardara, para evitar que cayera en las manos equivocadas. Martínez le dijo a la periodista de *US* que, en su opinión, lo que pasó en la habitación 158 tuvo que ver con ese diario. Él cree que Selena fue a recuperarlo, porque ya no confiaba en su amiga. Si él está en lo cierto, tal vez fue por eso que Selena vació el contenido del bolso de Yolanda sobre la cama, minutos antes de recibir el disparo. La cantante estaba buscando el libro desesperadamente.

Sé que el diario está en casa de la familia Saldívar. Me pregunto qué piensa hacer con él Yolanda. Ya me dijo durante la entrevista que cuando decidiera revelar el supuesto secreto, lo haría con pruebas, con papeles. Seguro que el diario es parte de esa "evidencia". Creo que si lo hiciera público, sería como matar a Selena por segunda vez. Esta vez la bala le daría en el corazón.

Quintanilla se puso rabioso con el artículo de la revista *US,* condenó la insinuación de que Selena tuvo una relación extramarital con Martínez y dijo que el médico era, y seguía siendo, amigo de su familia. Abraham aseguró que Ricardo era incapaz de hacer comentarios como los publicados y tildó de mentirosa a la reportera. Por suerte, ella había grabado toda su entrevista con Martínez y pudo salvar su reputación. No sé si fue porque supo de la existencia de esa grabación, pero el caso es que poco después Quintanilla cambió su actitud hacia el médico y en vez de defenderlo dijo en un programa de Univision que Martínez era un simple "conocido" de su familia y que si había fotos del doctor y su hija era sólo porque Selena había estado dispuesta a posar junto a él como acostumbraba a hacerlo con todos sus fanáticos.

Al poco tiempo de publicado el reportaje sobre Martínez, entró en escena Sebastián D'Silva, el ex-empleado del médico. Él dice que en un momento dado fue *indispensable* para el cirujano: "su mano derecha, ayudante, guardaespaldas, amigo y confidente". En otras palabras, él fue para Ricardo todo lo que Yolanda fue para Selena. Precisamente por eso, él y Yolanda congeniaron: porque tenían en común, entre otras cosas, que ambos compartían los secretos de sus respectivos jefes. Fueron muchas las veces que los cuatro salieron juntos.

Cuando Selena murió, Sebastián sí fue al entierro. Según él, manejó hasta Corpus Christi con un auto que el doctor le prestó. Hay versiones conflictivas sobre por qué, poco después, la relación profesional entre él y el cirujano terminó.

Yo lo contacté después de leer las declaraciones que él le hizo al diario *El Norte* de Monterrey. D'Silva asegura en ese reportaje que el misterioso anillo que Selena llevaba en su puño ensangrentado minutos antes de morir, era un regalo del doctor. Él dice que acompañó a su jefe a comprarlo después de una convención médica a la que asistió en Nueva York.

Lo que pocos saben es que él estaba confundido. Estaba hablando, sin saberlo, de un segundo anillo, de *otra* sortija. Esa prenda consistía de tres aros unidos en uno. No era el mismo anillo que Selena llevaba en la ambulancia. Al poco rato, Ernestina Saldívar, una sobrina de Yolanda que trabajó en la boutique de Selena, habló conmigo y me aclaró que ambas sortijas fueron regalos del doctor. Entonces, Yolanda debió haberse referido a Martínez cuando me dijo en la entrevista, entre líneas, que ella sólo fue la intermediaria en la compra de la sortija del huevo Fabergé, y que después una tercera persona se hizo cargo de la cuenta.

En otras palabras, en un momento dado, tal vez antes de darse cuenta de que Martínez le estaba quitando su influencia sobre Selena, y aún cuando el doctor supuestamente representaba un peligro inminente para su amiga, Yolanda no tuvo reparos en servir de alcahueta. De hecho, D'Silva le dijo a *El Norte* que "Yolanda siempre se portó bien con el doctor, en muchas ocasiones él le pedía a ella que llamara a Selena por su celular en donde estuviera en los Estados Unidos y ella lo hacía, lo comunicaba. A veces, Selena estaba durmiendo y Yolanda la llamaba por él; ella le hizo muchos favores". El reportero de esa publicación mexicana habló con Yolanda en una ocasión y ella le dijo que Chris, el esposo de Selena, acudió a ella para pedirle consejos sobre cómo salvar su matrimonio. Según Yolanda, ella le sugirió que sacara a su mujer a divertirse, que la reconquistara preparándole una cena romántica y que no la dejara ir sola a Monterrey. No me extraña que ella le haya aconsejado bien, pues sé que en un momento dado Yolanda quiso a Chris como a un hermano. Lo que no entiendo es por qué ella estaba tratando de jugar todas las bases, por qué estaba tratando de ayudar al esposo de Selena y supuestamente al mismo tiempo le servía de "cómplice" al hombre que ella pensaba "tenía otras intenciones" con su mejor amiga.

Muy pocas personas saben lo siguiente: Yolanda siempre ha estado convencida de que Selena tenía intenciones de fugarse con el Dr. Martínez y que por eso la cantante llevó la misteriosa maleta llena de ropa y sus documentos de trabajo a la habitación 158. Dentro de la habitación, ella discutió con Selena porque quería detenerla, porque quería evitar que la cantante destruyese su vida. Por las razones que fuera, esta versión nunca se mencionó en corte.

Volviendo a Sebastián D'Silva, en sus declaraciones él siempre se refirió a Saldívar como una víctima y dijo que le constaba que Yolanda compró el revólver porque estaba siendo amenazada por Quintanilla. Asegura haber presenciado un incidente durante el cual Selena le rogó a Yolanda que devolviera el arma y que no denunciara a su padre ante las autoridades.

Su versión es idéntica a la de Yolanda. Tan exacta, que no tiene lógica que este hombre no haya sido llamado a testificar durante el juicio. Terminé de leer el artículo y me quedé pensando...

¿Era Sebastián D'Silva un buen hombre tratando de defender a la mujer que sólo su abogado defendió? ¿Estaba tratando de dar a conocer una verdad que no se dio a conocer y que él conocía a fondo? ¿O se trataba de un buscón?

Cuando llamé a Sebastián por teléfono para pedirle una entrevista para la televisión, lo primero que hizo fue pedir 6.000 dólares a cambio. Explicó que aunque se encontraba en una situación precaria y su esposa acababa de traer al mundo a una bebita, a la que por cierto llamó "Selena", el dinero no era para él. Era para pagar un abogado, pues temía repercusiones legales por parte de Quintanilla. Su actitud era que le daba igual ser entrevistado o no. Hablaba como si nosotros lo necesitáramos a él. "Tengo muchas cosas que decir pero no puedo hablar sin esa suma, es para protegerme", me dijo más de una vez. Según contó, él y su ex-jefe habían hecho un pacto de silencio; no iban a hablar con nadie sobre Selena. Pero ahora que el doctor había roto su promesa y había hecho declaraciones públicamente, él entendía que también podía hacerlo y de paso iba a denunciar una injusticia que supuestamente Abraham había cometido contra él. No me olía bien, pero me quedé escuchando. Él me siguió contando y fue durante esa parte de nuestra conversación que até cabos y empecé a sospechar que D'Silva era probablemente el hombre que, según el padre de Selena, estaba tratando de chantajearlo. El mismo al que hizo referencia Quintanilla cuando me llamó para darme la entrevista. (Mis sospechas fueron confirmadas más tarde cuando el propio Quintanilla acusó directamente a Sebastián de chantaje en un artículo que apareció en un periódico mexicano.) En aquel momento no me hizo sentido, pero ahora sí.

Resulta que D'Silva, por órdenes de Martínez, estuvo a la

disposición de Selena cada vez que ella visitaba Monterrey. Él se encargaba de llevar a la cantante y a Yolanda a todas partes y de ayudarlas en sus gestiones para hacer posible la fábrica de ropa. Así, dice, se hizo amigo de las dos. Según Sebastián, durante esos, sus últimos meses de vida, Selena visitó su casa varias veces y, desde su teléfono, la cantante hizo un sinnúmero de llamadas de larga distancia.

La compañía telefónica en México confirma que esas llamadas se hicieron desde la residencia de D'Silva a la casa y los negocios de la cantante en Texas. El caso es que Selena nunca las pagó y, tras su muerte, Sebastián trató de cobrarle a Quintanilla. Él explicó que, como persona de pocos recursos, necesitaba el dinero para cuidar de su hija recién nacida. Abraham pegó el grito en el cielo, encontró la cuenta excesiva y lo mandó al diablo. El padre de la cantante sostiene que D'Silva también trató de cobrarle 5.000 dólares de comisión por servir de enlace entre la familia Quintanilla y los dueños de un club en Monterrey que contrataron a Selena para dar los conciertos. Quintanilla admite que Sebastián sí le presentó a los dueños del centro nocturno, pero dice que él personalmente negoció el contrato de su hija. Considera que sólo le debe las gracias a D'Silva, porque entre ellos "no había un acuerdo legal financiero, ni escrito, ni oral". Abraham asegura que Sebastián lo amenazó con revelarle a la prensa cosas íntimas de Selena, si no le pagaba. De haber sido así, el exempleado de Martínez cumplió su promesa. No sólo habló con el periódico mexicano, sino que aún cuando nosotros ni le devolvimos la llamada para decirle que no pagaríamos por una entrevista, él volvió a llamarnos para insistir. ¡Y eso que no le interesaba el dinero! Me dio la impresión de que, en verdad, quería los 6.000 dólares, no para pagar un abogado, sino para él.

Nunca volví a saber de D'Silva. Sólo sé que su "venganza",

justificada o no, dio resultado. Quintanilla se enojó muchísimo y hasta el doctor Martínez estaba molesto con las cosas que Sebastián dijo. El médico se limitó a decir que D'Silva fue simplemente su chofer. Quintanilla, enfadado y sarcástico a la vez, le comentó a un conocido mío:

—¡Ahora resulta que todo el mundo jura saber más sobre la vida de mi hija que yo mismo!

CAPÍTULO

72

El secreto

Volviendo al supuesto "secreto" de Selena. Como les dije, Yolanda me lo confesó durante nuestra segunda conversación telefónica, al día siguiente de ser encontrada culpable, en su hora más negra. Presa de la desesperación, volcó en mí toda su confianza, confianza que respeto, confianza que agradezco.

Durante las primeras semanas, estuve atormentada por conocer ese "secreto" —que para mí era "el secreto de Yolanda".

Toda su versión la sé con lujo de detalles. Pero como saben siempre me advertía "te lo digo todo *off the record*, no lo olvides". Por las razones que sea, ella quería sentirse en control de esa información; escoger el momento y la forma en que se revelara. Por desgracia para ella, muchas cosas de las que me dijo, *no todas,* salieron a la luz pública por pedazos y yo, que sabía la historia, pude juntar el rompecabezas y presentarlo en estas páginas, sin faltar a mi palabra. Yo acepté y aún considero su pedido de no decir exactamente lo que me dijo, no por condescendencia, sino por ética profesional. Por esta razón nada diré de lo que aún falta por saberse, a menos que ella cambie de opinión y de que cuando lo haga presente pruebas.

Lo que pasa es que desde entonces he podido confirmar muchas cosas por medio de otros testimonios. Por eso, si ha leído hasta aquí, sabe que he dicho mucho, sin decir nada. A buen entendedor, pocas palabras basta. Todo lo que he revelado lo he hecho entrelíneas, porque sé que todos los protagonistas de esta trama han tenido distintas motivaciones para decir las cosas que han dicho, unas muy sublimes, otras totalmente calculadas. Teniendo eso en mente, les aseguro que ésta es la historia más completa que hay sobre la reveladora historia detrás de la trágica muerte de Selena, como promete el subtítulo de este libro. Que no les quepa duda.

Otra cosa sobre el secreto, no es uno, sino dos. O mejor dicho, es un secreto compuesto por dos partes... Una me parece difícil de creer por falta de pruebas y creo que, ni aunque Yolanda decida revelarla, resultaría convincente. La otra parte suena más lógica y, sin duda, es a la que he hecho referencia en este libro... algunos elementos se pueden probar mediante las evidencias que salieron en corte, y que, en el marco del juicio, aparentaron no tener ningún sentido ni transcendencia, y de los testimonios, que como les dije, vinieron después. Como ven, de lo que me dijo Yolanda hubo cosas que creí y otras que no.

Pero para que no quede duda debo decir que *nada* de lo que me contó Yolanda, ni que me contaron otros más tarde, manchó para mí la reputación de Selena. Nada me indicó que Selena fuese deshonesta o que tuviera algún lado oscuro, sino todo lo contrario. Creo firmemente que fue una víctima de las circunstancias.

El secreto deja entrever solamente que Selena, en el peor de los casos, era una mujer de carne y hueso y que a sus veintitrés años, cometió errores, como los cometí yo a esa edad, como los debió cometer usted... Cosas que se ven todos los días, pero que en los artistas se agigantan —o se achican— más de la cuenta.

Quise dejar eso claro porque me molestaron las barbaridades que se dijeron a raíz de mi entrevista con Yolanda. Se llegó a conclusiones maliciosas: desde que Selena tenía SIDA hasta que había traficado con drogas. En fin, se hicieron comentarios ilógicos, injustos e irresponsables.

Me imagino que algún día, Yolanda revelará el secreto. Es lo único que le queda para permanecer en la luz pública, para no quedar consumida en el anonimato de su celda. Sé que en un momento pensó en escribir un libro sobre su tragedia y que desde un comienzo tomó notas y documentó todo al pie de la letra. Después desistió de publicar nada, pero habrá que ver.

Lo más importante de todo, es que no importa cuán explosivo es el secreto, no hay justificación alguna para lo que sucedió el 31 de marzo. Creo que Yolanda usó eso como una venda para no ver la realidad. Ella sigue negándose a sí misma su papel en el asesinato de la cantante. Me imagino que es un mecanismo que el subconsciente pone en acción para poder sobrevivir la terrible carga de ser responsable de una muerte.

Para cerrar, le pido un favor: si me ve en la calle, pregúnteme lo que quiera, menos sobre el secreto. No sólo no puedo decir más, sino que ya llegó la hora de que el tema descanse. Selena se lo merece.

13

A pesar de cualquier obstáculo

OTOÑO 1996

Una vez terminé de escribir este libro y se dio a conocer su publicación en los medios, hubo fuegos artificiales. No de celebración, sino de furia. Tanto el bando de los Quintanilla como el de los Saldívar se opusieron rotundamente al proyecto. Sin saberlo, por primera vez desde la muerte de Selena, estuvieron de acuerdo en algo. Respeto los comentarios que ambas partes hicieron al respecto, porque cada cual tiene derecho a opinar. Nunca respondí a las críticas porque sé que mi trabajo está bien hecho y que escribí esta historia sin tomar partido, ni ofender a nadie. No soy la primera periodista que escribe un libro sobre sus experencias en un caso importante, ni seré la última.

Cuando Abraham Quintanilla se enteró de la noticia, en el verano del 1996, volvió a sus viejas andanzas de tratar de manipular a la prensa. Llamó a Univision para exigirle a mis jefes que detuvieran esta publicación o se atuviesen a las consecuencias. Los ejecutivos de la compañía le explicaron a Quintanilla que ése era un proyecto personal mío con el cual no podían interferir y que tenían la confianza de que cualquier escrito por mí sería un trabajo serio y profesional. Él no hizo caso y siguió con sus amenazas. Univision no se dejó amendentrar y siempre me respaldó; le doy las gracias por ese voto de confianza. Pero Quintanilla siguió con las medidas de presión, prohibiendo que se le otorgaran credenciales de prensa a los reporteros de *Primer Impacto* para entrar en los estudios donde se estaba filmando la película sobre la vida de su hija. Fue más allá, prometió censurar también a cualquier estación de televisión que le proveyera video de la filmación a *Primer Impacto*. Él castigó de la misma forma a la cadena competidora, *Telemundo*, por razones diferentes. En fin, fue una repetición de lo que trató de hacer durante el juicio contra Yolanda. Hasta el día de hoy, nadie ha podido hacerle entender que el derecho de libre expresión de la prensa está protegido por la constitución y que es para beneficio del público que eso se respete. El público tiene derecho a la información.

En cuanto a los Saldívar, después de entrevistar a Yolanda me mantuve en comunicación con ella por correo. A principios del 1996, mucho antes de que se conociera públicamente que yo estaba escribiendo este libro, recibí una carta en la que ella me reclamaba el que yo fuese a publicar un libro, pues pensaba que yo iba a traicionarla revelando las cosas que me dijo confidencialmente. No me imagino cómo se enteró, pero he llegado a convencerme de que ella, dentro de su celda, se mantiene mejor informada que muchos que caminan libremente por la calle. Yo le contesté por escrito explicándole que el mío era un proyecto basado en mis experiencias e investigaciones sobre el caso. Parece que aceptó lo que le dije porque siguió escribiéndome durante un tiempo e inclusive me invitó a que la visitara en la prisión de Gatesville, Texas, a donde había sido transferida para cumplir su condena. En esos días, ella estaba trabajando junto a sus abogados en la apelación de su caso y me pareció una buena idea aceptar la oferta. De inmediato reservé pasajes, le pedí permiso a mi jefa para el viaje y lo preparé todo para ir a verla esa misma semana. Llamé al penal y hablé con sus administradores para que me dieran permiso de entrada. Me explicaron que no había ningún problema, pero que la visita no se podía llevar a cabo sin la autorización de la reclusa y me pidieron todos mis datos personales por razones de seguridad. Cuando llamé al día siguiente, para mi sorpresa, me informaron que Yolanda no accedió a la cita. Pensé que había un malentendido, pues ella misma me había invitado. Me comuniqué con María Elida para contarle lo que había pasado. Ella habló con su hermana y me llamó luego para decirme que Yolanda no había dado el permiso porque no le habían explicado que la petición de visita había sido solicitada por mí y pensó equivocadamente que se trataba de otra periodista. A mí me extrañó la explicación y llamé nuevamente al penal para corroborar esa versión. La oficial que estaba a cargo de mi pedido me aseguró que ella había hablado personalmente con Yolanda y le había explicado a la prisionera con lujo de detalles que se trataba de mí, pero que aún así Saldívar se rehusó. Ella notó mi asombro y me dijo: "Yolanda está tomándote el pelo". Debí haberlo sabido.

Aunque no lo crean, después de ese incidente Yolanda volvió a escribirme para pedirme una vez más que la visitara, pero ignoré la invitación. Me cansé de sus juegos y nunca más he vuelto a escribirle. Pero he sabido de ella a través de su hermana. Un día, María Elida me llamó para decirme que Yolanda iba a hacer estallar una bomba dentro de poco. Estaba hablando figurativamente... se refería a una bomba noticiosa. Insistí hasta que logré que María Elida me adelantara "el bombazo". Resulta que Yolanda... ¡iba a casarse! Me quedé en shock. Lo primero que pregunté fue: "¿Con quién?". María Elida dijo que se trataba de un pretendiente que su hermana tenía hacía tiempo, que había incluso asistido de incógnito al juicio en Houston. Me dijo que lo conocía muy poco y admitió que le provocaba desconfianza, porque el hombre estaba lleno de cicatrices y tatuajes, pero dijo sentirse contenta porque su hermana estaba feliz. Durante los días siguientes, seguí indagando y le confesé a María Elida que todo me parecía muy extraño y sospechoso. Ella me dijo que Yolanda había pedido que "su prometido" fuese incluído en la lista de las personas que podían visitarla en prisión y que al igual que me sucedió a mí, las autoridades del penal le habían solicitado al novio que sometiera su información personal, por razones de seguridad, incluyendo su número de seguro social. De alguna forma, María Elida tuvo acceso a esos datos, los cuales me proveyó en exclusiva a cambio de que yo le notificase si encontraba algo fuera de lugar. Acto seguido, llamé a mi amigo el detective y le dije que averiguara. Cuando él me llamó al poco rato sus primeras palabras fueron: "¿Quién es este sujeto? ¿Para qué tú quieres la información?". Resulta que el futuro marido de Yolanda era un criminal profesional con un archivo delictivo kilométrico. Había estado encarcelado en varios estados por diversos delitos que iban desde violación y robo, hasta asesinato. Mi amigo, que está acostumbrado a lidiar con lo peor de lo peor en término de delincuentes, concluyó: "Éste le ganó a todos".

María Elida me agradeció el informe y la boda, por supuesto, se canceló. Nunca supe si Yolanda conocía el pedigree de su pretendiente de antemano, pues como les dije, no he vuelto a hablar con ella. Con María Elida estuve en contacto un tiempo más, hasta que una tarde leí en un diario unas declaraciones hechas por ella en torno a mi libro. Dijo que su familia entera condenaba la publicación y que en lo personal se sentía ofendida y sorprendida con la noticia, pues no estaba al tanto de mis planes. Resentía el que yo estuviese tratando de beneficiarme económicamente a costa de la "imagen" de su hermana. En verdad, ella supo desde el principio que existía este proyecto y fueron muchas las veces que la llamé con el propósito explícito de que me contestara preguntas para incorporarlas a esta investigación. No sé por qué dijo lo que dijo. Dejé de llamarla no porque pensara mal de ella sino por respeto. Si ella verdaderamente se sentía así, no había por qué reclamarle nada ni hacerla seguir sintiéndose incomoda.

Así que este libro ha llegado a sus manos, a pesar de todo y de todos. Es sin duda, una victoria para la libertad de prensa. En lo personal, me siento contenta porque siempre soñé con retirarme a escribir novelas y esta oportunidad me abrió las puertas del mundo literario. Lo que no esperaba es que la vida me complaciera este deseo ahora, mucho antes de lo planificado, ni que se me presentara el reto de escribir sobre un hecho de la vida real. Durante este proceso, aprendí mucho acerca de mí misma. Entre otras cosas, que tal y como supuse desde un principio, prefiero la ficción porque los personajes son inventados y el autor puede alterar a su antojo el curso de la historia. En la vida real, el destino es el destino. Ningún bolígrafo hubiese podido cambiar el destino inescapable de Selena.

Epílogo por el aniversario n° 20

Tuvieron que pasar casi dos décadas para que el Dr. Ricardo Martínez confirmara su romance con Selena, lo cual Yolanda Saldívar me había asegurado durante la investigación que llevé a cabo para escribir este libro. En agosto del 2012, Martínez declaró públicamente que su relación con Selena fue un flechazo, que desde el momento en que se conocieron hubo "un flash químico" y que en muy poco tiempo se enamoraron: "Lo que se hizo fue porque realmente existió un amor que no se puede describir con palabras. A pesar de que fue muy corto, hubo una entrega completa", aseguró.

Confesó que su sentimiento por Selena llegó a ser tan intenso que él estuvo dispuesto a renunciar a todo por estar a su lado, incluso a terminar con su entonces esposa: "Yo estaba dispuesto a dejarlo todo por ella y a tener un cambio de vida definitivo", dijo. Sin embargo aclaró que él y Selena nunca tuvieron la intención de fugarse juntos, como lo había asegurado Saldívar. Aceptó que ambos tenían planeado un viaje a Brasil, pero descartó que dicho viaje fuera para escaparse y vivir su amor libremente en ese país. Según dijo era un viaje en busca de oportunidades financieras, pues Selena estaba interesada en lanzar una línea de perfumes y él tenía buenos contactos allá.

Durante esas declaraciones quiso dejar claro que Selena no fue una simple aventura para él, que sus intenciones fueron serias y que por eso siempre fue cuidadoso de no herir a terceros: "Muy pocas veces llegamos a salir solos públicamente. Si íbamos a un restaurante pedía un área privada. Yo tenía un equipo de gente que me cuidaba de esa situación y cuando yo iba a un lugar iba una avanzada para protegerla y protegernos". No hay que olvidar que en esa época Martinez llevaba unos 15 años de casado y era padre de familia. No podía darse el lujo de tomar las consecuencias a la ligera por más enamorado que estuviera.

En sus declaraciones Martínez nunca demostró sentirse culpable por haberse involucrado con una mujer casada. Sigue firme en que Selena y su esposo, Chris, vivían peleándose y que tenían problemas mucho antes de que ellos se conocieran. Su único remordimiento parece ser el no haber podido hablar con Selena cuando ella lo llamó horas antes de su muerte, pues se encontraba en medio de una cirugía. Esa fue la última llamada que ella hizo y quién sabe si, de haber contestado, él hubiese logrado disuadirla de irse a encontrar con Yolanda o al menos convencerla de que no fuese sola.

Debo confesar que me sorprendió escucharlo hablar tan abiertamente sobre su relación con Selena. En el pasado Martínez medía sus comentarios sobre Selena. Ese fue el caso cuando hablamos por vía telefónica en el año 2000. Habían pasado solo 5 años desde la muerte de Selena y evidentemente aún no estaba preparado para revelar toda su verdad. "Nunca hice negocios con ella, yo solo la asesoraba, la conectaba con la gente que podía ayudarla", me aseguró por teléfono. Me repitió lo que ya sabía, que al momento de su muerte Selena estaba en proceso de rentar una casa en Monterrey pero aclaró que ellos no tenían planes de mudarse juntos. Explicó que ella quería alquilar la propiedad con el propósito de abrir una oficina. Admitió que había existido una gran atracción entre ambos pero que él nunca dio el siguiente paso porque no era el momento adecuado para ninguno de los dos. Me aseguró muy convencido: "No me lancé porque eso iba a provocar varios problemas". Con respecto al anillo con el huevo Fabergé que ella tenía apretado en su puño al momento de morir, el negó habérselo regalado. Fue enfático en que consideraba al anillo una prenda de muy mal gusto y que jamás le hubiese pasado por la mente comprárselo a ella.

Cuando hablamos en esa ocasión Martínez ya se había divorciado y estaba viviendo en Marbella. Cuando le pregunté si haber conocido a Selena había contribuido a su ruptura matrimonial me contestó que no. Dijo que para ese entonces ya llevaba muchos años de casado y que la relación con su esposa se había desgastado.

Con los años Martínez volvió a casarse, pero ese segundo matrimonio también fracasó. Lo más reciente que supe es que se había retirado y continuaba residiendo en España.

———

A Chris Pérez, el esposo de Selena, le tomó muchos años lidiar con la muerte de su esposa y hablar abiertamente sobre el dolor que esa pérdida le causó. Al principio se sintió sin rumbo en todos los sentidos, incapaz de continuar sin Selena, pero con el tiempo encontró su salvación en la guitarra, su otro gran amor. En el año 1999 formó su propia agrupación, The Chris

Perez Band. En el 2000, *Resurrección,* su primer álbum, ganó un Grammy Latino en la categoría de Mejor Álbum de Rock Alternativo. El álbum incluye "Lo mejor que Puedo" ("Best I Can"), una melodía que compuso para Selena en la que habla sobre lo difícil que le fue aceptar su partida y donde dice tener la certeza de que nunca más amará a nadie como la amó a ella. Chris, sin embargo, volvió a casarse un año más tarde. El guitarrista tuvo 2 hijos producto de esa relación, la cual terminó en el 2008.

Para el decimoséptimo aniversario de la muerte de Selena, en marzo del 2012, Chris público un libro titulado *Para Selena con Amor* en el que relata su vida junto a la Reina del Tex Mex. Durante la gira para promover el libro a Chris le preguntaron en diferentes ocasiones sobre cuál fue la naturaleza de la relación entre su difunta esposa y Martínez. Su respuesta siempre fue la misma; "Era un amigo que la estaba ayudando a abrir una boutique en Monterrey". Es imposible saber si Chris dijo esto por discreción y así minimizar el rol de Martínez o si realmente desconocía la relación sentimental entre Selena y el médico. Martínez me dijo una vez que "Chris vivía en el limbo". Hasta el día de hoy Chris sostiene que al momento de su muerte Selena y él eran felices y estaban enamorados el uno del otro.

———

En febrero del 2009 le envié una carta a la prisión a Yolanda Saldívar para pedirle otra entrevista, esta vez para mi programa actual de televisión *Al Rojo Vivo con María Celeste* que transmite la cadena Telemundo.

Quería saber si el tiempo y la vida en la prisión habían cambiado de alguna forma su percepción de lo que pasó, si estaba arrepentida de sus acciones o si se mantenía firme en todo lo que me dijo años atrás. Ella no tardó en contestarme. En su carta escrita a mano, me contó que recién había completado sus estudios como paralegal, especializada en Justicia Criminal, y que estaba activamente involucrada en la apelación de su caso.

De manera respetuosa pero directa me dejó bien claro que no tenía ninguna intención de darme otra entrevista. Estaba molesta y dolida conmigo porque me había escuchado tildarla de "manipuladora" durante una entrevista que me hizo un canal de televisión en inglés, años atrás. "Me llegó cómo una gran sorpresa pues yo nunca sabía que tu pensabas así de mí.", leía la carta. Yolanda me llamó "injusta" por llegar a esa conclusión tan tajante sobre ella, considerando el poco tiempo que compartimos cara a cara.

Un año después de recibir esa carta la Corte Criminal de Apelaciones en Austin, Texas, negó su petición de obtener un segundo juicio, por lo que Yolanda Saldívar continuará encarcelada por lo menos hasta el año 2025, cuando será elegible para obtener la libertad condicional.

MARÍA CELESTE ARRARÁS es una veterana presentadora de televisión, cuyos programas en la cadena Telemundo *Al Rojo Vivo con María Celeste* y el *Noticiero Telemundo* alcanzan una audiencia diaria de aproximadamente 35 millones de televidentes en Estados Unidos y 15 países de América Latina. A través de su exitosa carrera ella ha sido galardonada con infinidad de premios, incluyendo el prestigioso Emmy en reconocimiento a su trayectoria periodística. María Celeste también ha logrado un exitoso crossover al mercado anglosajón, participando ocasionalmente como copresentadora invitada del *Today Show* de la cadena NBC, y fue seleccionada por la revista *Newsweek* para aparecer en la portada de su edición dedicada a "Las 20 mujeres más poderosas de la próxima generación." Ella ha aparecido en la portada de *People en Español* más veces que cualquier otra celebridad y gracias a su popularidad tiene millones de seguidores en las redes sociales. Además de *El secreto de Selena*, su primer bestseller, María Celeste también publicó un libro autobiográfico, *Vive tu vida al rojo vivo: Secretos para triunfar en todo*, y un libro de cuentos para niños titulado *El bastón mágico*. María Celeste vive en Miami con sus tres hijos.